DESTRUYA EL
ESPÍRITU DE RECHAZO

DESTRUYA EL

ESPÍRITU DE RECHAZO

RECHAZO

JOHN ECKHARDT

CASA
CREACIÓN
Para vivir la Palabra

Para vivir la Palabra

MANTÉNGANSE ALERTA;
PERMANEZCAN FIRMES EN LA FE;
SEAN VALIENTES Y FUERTES.
—1 CORINTIOS 16:13 (NVI)

Destruya el espíritu de rechazo por John Eckhardt
Publicado por Casa Creación
Miami, Florida
www.casacreacion.com
©2021 Derechos reservados

Library of Congress Control Number: 2016946392
ISBN: 978-1-62998-866-5
E-book ISBN: 978-1-62999-009-5

Desarrollo editorial: *Grupo Nivel Uno, Inc.*
Diseño interior: *Grupo Nivel Uno, Inc.*

Publicado originalmente en inglés bajo el título:
Destroying the Spirit of Rejection
por Charisma House,
Copyright © 2016 John Eckhardt
Todos los derechos reservados.

Visite la página web del autor: www.johneckhardtministries.com

Nota de la editorial: Aunque el autor hizo todo lo posible por proveer teléfonos
y páginas de Internet correctas al momento de la publicación de este libro, ni la
editorial ni el autor se responsabilizan por errores o cambios que puedan surgir luego
de haberse publicado.

Impreso en Colombia

21 22 23 24 25 LBS 9 8 7 6 5 4 3 2 1

CONTENIDO

SAQUEADO Y PISOTEADO

"Mas este es pueblo saqueado y pisoteado, todos ellos atrapados en cavernas y escondidos en cárceles; son puestos para despojo, y no hay quien libre; despojados, y no hay quien diga: Restituid. ¿Quién de vosotros oirá esto? ¿Quién atenderá y escuchará respecto al porvenir?".

—ISAÍAS 42:22-23

EL RECHAZO ES uno de los espíritus demoníacos más destructivos que pueden entrar en la vida de una persona. Es un saboteador. Uno de los significados del verbo *sabotear* es "arruinar". Y ciertamente el rechazo puede destruir la vida de cualquier persona. El enemigo usa el rechazo para robarnos la dignidad, la identidad, la posición, el poder y la autoridad. El rechazo causa estragos en la vida de la gente, impidiendo que experimenten la plenitud y la bendición de Dios.

El rechazo puede ser algo tan sencillo como recibir un no por respuesta, o no ser tomados en cuenta para una oportunidad que deseábamos obtener. Puede escalar hasta el punto de que se nos diga que no encajamos, o que no formamos parte del grupo. Todos experimentamos el rechazo en algún momento, y también rechazamos cosas que no funcionan para nosotros.

Pero la forma más perjudicial de rechazo comienza temprano en la vida, muchas veces a través de algún tipo de abuso, abandono, o falta de amor y afecto por parte de uno de los padres. Este tipo de rechazo es muy común, y coloca a la víctima en una posición inestable en la vida, en la cual se le hace difícil manejar cualquier otro rechazo con el que seguramente tendrá que lidiar. Tratamos de evitar el rechazo de todas las formas posibles: complaciendo a la gente, llamando la atención, con perfeccionismo, ira y amargura, endureciendo nuestro corazón, con orgullo y aislamiento, abusando del alcohol o las drogas, y con promiscuidad sexual. Utilizamos muchos recursos para tratar de ganar amor y aceptación, o para evitar que nos lastimen. El rechazo es un círculo vicioso que nos hunde cada vez más en el pecado y la destrucción. Después de hacer su trabajo, el rechazo deja la vida desolada y en ruinas.

El profeta Isaías revela en Isaías 42:22–23 en qué estado se encontraba el pueblo de Israel después de recibir varios ataques de los enemigos que los rodeaban, los cuales los dejaron desolados y en ruinas. Estos versículos también ilustran cómo quedan nuestras vidas después de que somos atacados y violentados por el enemigo. ¿Alguna vez lo han robado? Si es así, usted sabe lo mal que se siente. Nos sentimos violados, expuestos, desprotegidos y vulnerables.

Isaías dijo que los israelitas estaban "atrapados en cavernas y escondidos en cárceles" (v. 22). Esas también son circunstancias terribles: estar en una caverna y en una cárcel. Es la sensación de estar cautivos y atados, sin libertad de hacer cosa alguna.

El versículo 22 también dice que "son puestos para despojo". La palabra *despojo* se refiere a ser cazado o perseguido. La Biblia describe a Satanás como un león rugiente buscando a quien devorar (1 P. 5:8).

Y esta es, probablemente, la peor parte de este pasaje de las Escrituras: "Y no hay quien libre" (v. 22). No había liberación a la vista para el pueblo de Israel. Parecía que no había nadie que pudiera hacer algo para ayudarlos en medio de esa situación. No había nadie que pudiera restaurarlos. Pero sabemos que había Uno que vendría y traería restauración a Israel, los sacaría de su prisión y los llevaría a un lugar de fecundidad y abundancia.

LA HISTORIA DE LA REDENCIÓN DE ISRAEL ES LA CLAVE DE NUESTRA LIBERACIÓN

Al comenzar a exponer y desmantelar el espíritu de rechazo, usted se dará cuenta de que hablo con frecuencia de la nación del pacto con Dios, el pueblo de Israel. Lo hago de esa manera porque este pueblo es la personificación de la visión espiritual que Dios quiere hacer realidad en cada uno de nosotros. El pueblo de Israel era de ánimo dual y rebelde. Fueron rechazados y separados de Dios por su desobediencia y por no cumplir con el pacto. Pero aún seguía siendo el pueblo del pacto de Dios. ¿Recuerda la promesa que Dios le hizo a Abraham? En Génesis 12:3, Dios le prometió a Abraham que todas las familias de la tierra serían bendecidas a través de él. A través de Abraham vino el hijo prometido, Isaac, y luego Jacob (cuyo nombre fue cambiado a Israel) y sus doce hijos (las doce tribus de Israel). Desde allí, la genealogía continuó hasta Jesucristo. Fue así que Dios designó a Israel el pueblo de su pacto.

Israel siguió violando su pacto con Dios. Deuteronomio 28 especifica ciertas normas que, de Israel obedecerlas en cumplimiento del pacto, resultarían en bendición para el pueblo; pero en caso de que los israelitas rompieran el pacto, serían maldecidos. Unas de las maldiciones que vendrían sobre ellos serían el cautiverio y la esclavitud, lo que resultaría en la destrucción y desolación de sus hogares, sus ciudades, su salud y todo lo que los rodeaba. Muchas veces Dios envió profetas como Isaías, Jeremías y Ezequiel para advertirle a Israel que estaban violando el pacto y llamarlo al arrepentimiento. Si no se arrepentían, debían enfrentar la ira o el juicio del pacto quebrantado. Pero si se arrepentían, recibirían la misericordia del pacto y Dios los perdonaría y los restauraría.

Los israelitas no escucharon a los profetas. Por el contrario, los persiguieron y los asesinaron. Como resultado, el juicio y la ira del pacto de Dios vinieron sobre Israel. Luego tenemos al profeta Jeremías, quien profetizó durante los últimos días de los reyes de Israel, cuando tenían asegurado el juicio. El último rey bueno que Israel había tenido había sido Josías (ver 2 Reyes 22–23). En el decimoctavo año del reinado de Josías, el libro del pacto, que se había extraviado debido a la idolatría, fue encontrado en el templo. El rey Josías se arrepintió y comenzó a llamar al pueblo de Israel de nuevo a cumplir su pacto con Dios. Sin embargo, para el momento en que lo hizo, ya era demasiado tarde. Ya se había profetizado el juicio sobre Israel. Pero Dios le dijo a Josías que como se había vuelto a Él, el juicio no llegaría mientras él estuviera vivo, sino que retendría el juicio hasta después de que él hubiera fallecido (2 Reyes 22:18–22).

Después de la muerte de Josías, los reyes de Israel volvieron a caer en rebelión, desobediencia y apostasía. El último rey de Israel fue el rey Ezequías. Él no creyó las palabras del profeta Jeremías, quien le advirtió que el rey Nabucodonosor de Babilonia vendría contra ellos. Jeremías le dijo al rey que se sometiera a Nabucodonosor, porque nada evitaría los setenta años de cautiverio que estaban por venir. Después de esos setenta años, el pueblo de Israel sería restaurado en la tierra.

Cuando leemos los libros de 2 Reyes, 2 Crónicas y Jeremías, vemos que en efecto Nabucodonosor vino contra ellos. Destruyó la ciudad, la incendió, asesinó a muchos judíos y se llevó el resto a Babilonia. Durante setenta años los israelitas estuvieron cautivos en Babilonia.

El libro de Lamentaciones, escrito por el profeta Jeremías, describe la desolación de Israel, el juicio que vino sobre la nación, el incendio de Jerusalén y el cautiverio del pueblo en Babilonia, donde llegaron a ser esclavos. Describe el duelo, la tristeza, la depresión, la opresión y la devastación total de esa nación. Y cuando leemos los profetas, necesitamos entender—y esto es importante para el pueblo profético—que los profetas no solo presagiaron juicio, sino también restauración. Esto se evidencia principalmente en el libro de Isaías. Después de que Isaías profetizó el juicio, dijo en Isaías 54:1: "Regocíjate, oh estéril, la que no daba a luz; levanta canción y da voces de júbilo". En Isaías 60:1, exhorta: "Levántate, resplandece; porque ha venido tu luz, y la gloria de Jehová ha nacido sobre ti." Es decir, Dios está diciendo a través del profeta Isaías, "Israel, aunque has violado mi pacto y mi juicio ha venido sobre ti, aún te usaré y te restauraré para bendecir al mundo entero". Esto vendría a través de la semilla de Abraham: el Mesías, Jesucristo.

La Biblia no es un libro de historia universal. Es solo una historia de redención, relacionada principalmente con la nación del pacto. No tiene que ver con el mundo entero. Hay muchas naciones aparte de Israel que no aparecen en la Biblia. Así que, como dije, es solo una historia de redención, salvación, reconciliación, libración y restauración. Por medio de ella, entendemos lo que es nuestra salvación y lo que Dios hizo para garantizárnosla. La Biblia también nos muestra la sabiduría de Dios al usar la nación que había roto el pacto, una nación tan rebelde y desobediente, para mostrarnos el camino al pacto con Dios.

En el libro de Hechos, después del derramamiento del Espíritu Santo, vemos que la salvación llegó a Jerusalén. Toda la iglesia era judía. Dios usó este grupo o remanente para evangelizar y traer salvación al resto del mundo conocido. Pablo habla del remanente en Romanos 9 y 11. También se les conoce como los elegidos. Siempre hubo un remanente dentro del pueblo de Israel, un pequeño grupo que nunca abandonó a Dios. Ellos siempre cumplieron el pacto. Como en los días de Elías y la historia de los setecientos justos, siempre hay un grupo que no doblará las rodillas ante Baal o besará sus pies. Así que desde el remanente se mostró la luz de Dios, y todas las naciones fueron salvadas. Y ahora somos salvados gracias a lo que Dios hizo hace más de dos mil años.

Comprender el progreso de Israel desde la desolación hasta la restauración, debería enseñarnos algo: Por mucho que nuestra vida haya sido devastada; por mucha desolación, ruina, dolor, pena y rechazo que haya pasado por nuestra vida, Dios puede restaurarnos. Esas son buenas noticias. Su misericordia, gracia y bondad pueden llegar a nuestras vidas y de eso es que se trata la liberación. La liberación está relacionada con la restauración.

POR SUS LLAGAS FUIMOS SANADOS

Isaías 53:5 dice: "Mas él herido fue por nuestras rebeliones, molido por nuestros pecados; el castigo de nuestra paz fue sobre él, y por su llaga fuimos nosotros curados". Esa palabra, *curados,* no solo se refiere a nuestra sanación física, sino también a nuestra restauración. Israel recibiría sanación y restauración a través del sufrimiento y la labor de Jesús, el Mesías.

Cuando Dios sufrió y murió en la cruz, no murió solo para que fuéramos al cielo en vez de al infierno, sino para que usted y yo pudiéramos ser curados y restaurados. Murió para que pudiéramos tener vida, y tenerla en abundancia mientras estemos aquí en esta tierra. Dios no quiere que estemos destruidos, estropeados, confundidos, deprimidos y tristes. Él no quiere que nuestra vida sea un infierno mientras estemos aquí, sino que un día vayamos al cielo. Dios quiere que tengamos vida, y que la tengamos en abundancia; Él quiere sanarnos y restaurarnos.

El Señor tiene esta palabra hoy para usted: "Estoy aquí para restaurarte y para devolverte los años que las langostas han devorado. Nunca más serás rechazado. No quedarás en ruinas. Tú vendrás a mí, y yo te aceptaré". Aunque parezca que no hay nadie que entregue una palabra de restauración en su vida, el Señor le envía estas palabras el día de hoy: "¡Sé restaurado!".

En este libro vamos develaremos el destructivo espíritu del rechazo para que usted aprenda a liberarse de él, a restaurar los lugares afectados de su vida y a caminar en la bendición y abundancia de Dios. El rechazo no es para usted. Dios quiere liberarlo para que usted sea libre de amar y ser amado. Su plan para nuestras vidas es que sepamos que podemos ser totalmente aceptados por Él a través de su Hijo. El espíritu de rechazo nos impide ver y aceptar el amor perfecto que Dios siente por nosotros. Es necesario eliminar el rechazo de nuestras vidas. El primer paso para lograrlo es identificar sus raíces en nuestra vida y luego aplicar estrategias espirituales para expulsarlo, y así convertirnos en las personas estables que Dios quiere que seamos.

[PARTE I]

LA DESOLACIÓN
DEL RECHAZO

CAPÍTULO 1
¿CÓMO ENTRA EL RECHAZO?

Habiendo orado por los creyentes de muchas naciones, he llegado a la siguiente conclusión: la enfermedad menos diagnosticada, y por lo tanto, menos tratada en el cuerpo de Cristo en la actualidad es el rechazo. El rechazo, sea activo o pasivo, real o imaginario, priva a Jesucristo de su legítimo Señorío en la vida de sus hijos y les roba la vitalidad y calidad de vida que Jesús deseaba darles. [1]

—NOEL Y PHIL GIBSON

L A PUERTA AL rechazo se abre cuando no recibimos el amor y la aceptación que Dios desea que recibamos. Ser amados y aceptados es una necesidad humana básica. A veces tratamos de ser fuertes y decir que no necesitamos a nadie, o que no nos importa lo que los demás piensan. Pero eso no es totalmente cierto; de hecho, esa puede ser una señal de que hemos experimentado rechazo en algún momento. Dios creó en nosotros el deseo de amar y ser amados y aceptados. Necesitamos recibir amor de nuestras familias y nuestros semejantes. Pero sobre todo, necesitamos recibir el amor de Dios.

Si no recibimos ese amor, sentimos rechazo, lo que con frecuencia se manifiesta en forma de temor u orgullo. Estas son las dos manifestaciones principales del rechazo. El temor dice: "Ya no puedo confiar en nadie. Me hicieron mucho daño, así que le tengo miedo al compromiso y a las relaciones cercanas". El orgullo dice: "Yo puedo hacerlo mejor solo. Todo el mundo me ha hecho daño, y por eso no necesito a nadie en mi vida.

No necesito ayuda. Puedo hacerlo a mi manera". El enemigo sabe cómo destruirnos haciendo uso del rechazo, y utilizará el temor y el orgullo para abrir la puerta a toda clase de opresión demoníaca en nuestra vida.

El rechazo es uno de los demonios más comunes con los que lidiamos en el ministerio de liberación. Es la causa del "ánimo dual". El rechazo le abre la puerta a la rebelión, lo que le da al enemigo la oportunidad de colocar dos personalidades demoníacas en el interior de un individuo, de manera que nunca pueda desarrollar una personalidad estable. La persona se vuelve inconstante, siendo el rechazo su personalidad interna y la rebeldía su personalidad externa.

Frank e Ida Mae Hammond son pioneros en el estudio de la relación que existe entre el rechazo, la rebeldía y el ánimo dual. Son los autores del libro clásico de liberación *Cerdos en la sala,* en el cual se exploran y se definen el ánimo dual y la esquizofrenia. Cuando ministré con Frank e Ida Mae, antes de que fallecieran, me parecía que eran humildes y cariñosos. Cuando me impusieron sus manos y me impartieron el manto para enseñar y ministrar sobre este tema, me sentí llenó de una pasión por liberar a la gente de este espíritu. Esa es la función central de mi ministerio de liberación hasta el día de hoy.

Tal y como he aprendido del estudio de sus enseñanzas, en mi propio estudio de la Biblia, y a través de la experiencia en el ministerio, la personalidad de ánimo dual está conformada por dos reductos: el rechazo y la rebelión, siendo la amargura un tercer componente. Estos componentes interactúan como una cuerda de tres hilos, y es muy difícil romperlos.

El rechazo es el punto de partida para el ánimo dual. Los demonios asociados con el rechazo hacen virtualmente imposible que los individuos se desarrollen como los seres que Dios desea que sean. Estos espíritus los gobiernan, y siempre están tratando de compensar por su falta de desarrollo y su falta de confianza. Se convierten en individuos rebeldes con el propósito de protegerse del dolor y evitar que se aprovechen de ellos.

Con la rebeldía viene la amargura contra la gente y las circunstancias de la vida que les han causado todo tipo de dolor y traumas.

Muchas personas no se dan cuenta de que han sido rechazadas y de que continúan el ciclo de rechazo en sus vidas. Es probable que usted haya experimentado la onda expansiva que el rechazo ha dejado en la vida de sus padres, familiares, maestros, líderes de la iglesia, supervisores, compañeros de trabajo, etcétera, quienes han sido heridos y rechazados y han reaccionado hacia usted con ese mismo espíritu, haciendo que usted también experimente el rechazo.

Aunque todos hemos sido rechazados, no todos nos convertimos en esquizofrénicos, o lo que Santiago 1:8 denomina "persona de doble ánimo" o de ánimo dual: "El hombre de doble ánimo es inconstante en todos sus caminos". Todo se reduce a si somos capaces o no de desarrollar una personalidad estable. Por lo tanto, podemos ser rechazados sin llegar a ser esquizofrénicos. Pero toda persona esquizofrénica o de ánimo dual ha sido rechazada.

El término *esquizofrenia* a veces puede significar doble personalidad o mentalidad dual. *Schizein* es una palabra griega que significa "dividir, escindir, hendir, romper, doblar".[2] Los psiquiatras tratan los casos graves de esquizofrenia con fármacos; e incluso a nivel histórico han utilizado tratamiento de *shock* en casos de alucinaciones y delirios (enfermedad mental y locura). La esquizofrenia puede tener varios grados, pero la mayoría de los casos no requiere hospitalización.

A principios del siglo XIX, los psicólogos identificaron la enfermedad de la identidad dividida y adoptaron el término "alter ego" (del latín "mi otro yo"), el cual se define como un segundo ser, una personalidad o alma secundaria dentro de un mismo individuo. Con frecuencia, la personalidad central no está al tanto de las acciones que realiza la personalidad alterna. Los individuos que tienen alter egos, viven una doble vida. Operan en un nivel tremendamente disfuncional, con múltiples personalidades denominadas "alters". Para mí, son demonios. Los demonios tienen diferentes personalidades y pueden entrar en la vida de una persona y hacer que actúe de forma extraña, como en la historia del endemoniado de Marcos 5.

Rechazo desde el vientre

El rechazo muchas veces comienza a una edad temprana. Incluso puede empezar en el vientre de la madre debido a maldiciones prenatales, por ser un hijo no deseado o ilegítimo, por abandono, por el orden de nacimiento, por adopción o por abuso sexual. Una persona puede recibir un espíritu de rechazo por la manera y el momento en que fue concebida, como por ejemplo: cuando una madre es violada o abusada sexualmente, o si está llevando una relación extramarital y queda encinta. Los niños que nacen bajo estas circunstancias pueden mostrar un espíritu de rechazo. También los niños que nacen fuera del matrimonio, o de padres que no los quieren, o que son una carga en el presupuesto familiar, o cuando son el último de una familia muy grande, o el hijo del medio, luchan muchas veces con el rechazo.

Otra forma de rechazo prenatal es cuando los padres quieren desesperadamente tener un hijo de un género específico, pero descubren que el niño que viene será del sexo contrario. Todas sus oraciones y esperanzas se enfocan en tener un hijo de un sexo determinado, pero cuando el niño nace y es del sexo opuesto, ese niño es rechazado o abandonado. Esto es muy común en ciertas culturas en donde a un género se le otorgan privilegios y estatus por encima de otro.

La misma experiencia del parto puede influir para que un niño se sienta amado y bien recibido o abandonado y rechazado. Si un niño fue extraído del vientre de su madre con fórceps o extractor al vacío, por ejemplo, él o ella pudieran tener problemas para adaptarse a la vida fuera del vientre. El proceso natural de nacimiento permite que las hormonas y otras transiciones psicológicas preparen al bebé para adaptarse naturalmente a su nuevo entorno. La exposición repentina al ruido, las luces fuertes y el contacto físico, después de estar en la tibieza y seguridad del vientre materno, puede ser traumática. Nacer después de una labor de parto prolongada en la que tanto la madre como el niño han quedado exhaustos, o nacer por cesárea, también puede ocasionar que algunos niños desarrollen el espíritu de rechazo.

El vínculo madre-hijo después del nacimiento es otro aspecto que reafirma en el niño su lugar en la familia y en la vida. Si este vínculo no se da debido a problemas de salud en el bebé o en la madre, o por cualquier otra razón, el niño puede sentir el rechazo. Quizás es por esta razón que algunos hijos adoptados sufren de un espíritu de rechazo.

Rechazo generacional

El rechazo puede ser transmitido de generación en generación dentro de la familia. A los padres que han sufrido rechazo hereditario, o que fueron rechazados antes del matrimonio, se les hace difícil demostrar amor y afecto a sus hijos. Por supuesto que aman a sus hijos, pero al provenir de una familia que no demostraba afecto físico o que no usaba frases como "Te amo", "Estoy orgulloso de ti", y otras expresiones de estima y valía, son incapaces de demostrar amor a través del contacto físico. Es común escuchar padres que dicen: "No somos una familia afectuosa" o "No nos la pasamos abrazándonos y besándonos todo el tiempo". Esto a veces se puede interpretar como: "Hay algo vergonzoso en el afecto físico. Por lo tanto, nos da vergüenza expresarnos de esa manera".

Aunque las cosas materiales, como los regalos, la ropa, una habitación hermosa y los juguetes se utilizan para demostrar amor, algunos niños siguen creciendo con sentimientos de rechazo e inseguridad. Otros crecen en hogares donde hay pobreza y un sentimiento de que nunca han recibido lo suficiente. Los niños que crecen en hogares como estos también se pueden sentir rechazados si los padres sienten vergüenza o temor de no poder proveer lo necesario para su familia.

Quizás usted ha oído de casos en los que un padre que quería tener un hijo varón tiene una niña, pero la trata como si fuera un niño, animándola a participar en ciertas actividades, usar cierto vestuario o comportarse de forma masculina. Lo mismo puede ocurrir con madres que quieren tener una niña, pero terminan dando a luz a un varón. Otros ministerios de liberación han señalado que esta puede ser una de las raíces de los problemas de género con los que lidian muchos individuos gays, lesbianas, bisexuales y transgénero.

Algunas personas también pueden ser rechazadas por su familia. Esta clase de rechazo puede consistir y tener su origen en el abandono (intencional o no) de uno o ambos padres, en el abuso (físico o emocional) por parte de las figuras de autoridad, en haber sido enviados a un orfanato, en haber sido dados en adopción, en haber nacido con un defecto físico, en haber experimentado la muerte de uno de los padres, en el descuido parental, o en tener padres sobreprotectores o perfeccionistas. Y como mencioné anteriormente, el orden de nacimiento también puede ser una causa. Los hijos intermedios pueden ser vulnerables si sienten el favor de los padres sobre los hermanos mayores o menores.

OTRAS MANERAS EN LAS QUE EL RECHAZO PUEDE PRESENTARSE DURANTE LA PRIMERA INFANCIA

Otros tipos de rechazo pueden tener su origen en el acoso, los estereotipos, o el hecho de que se nos aparte o se nos impida participar en ciertas actividades en la escuela debido a nuestro aspecto físico, raza, nivel social, género, defectos físicos o contextura corporal. Los siguientes son algunos tipos de rechazo que pueden generarse temprano en la vida:

Rechazo producto de la relación entre los padres

- Presenciar la manera en que un padre abusa de la madre sexual, verbal o físicamente
- Vivir en un hogar con padres infelices que discuten, pelean o no se hablan; y que solo les hablan a los hijos, hace que estos últimos se sientan culpables y responsables
- Vivir en un hogar donde uno o ambos padres es adicto al alcohol o las drogas

Rechazo producto de la relación de los padres con sus hijos

- Tener un padre débil, apático o pasivo
- Criticar a los hijos constantemente, minimizarlos
- Hijos criados por padres con suficientes recursos financieros pero que son mezquinos con ellos
- Padres que muestran más interés en las amigas de su hija que en su propia hija
- Dejar a los hijos solos en la casa porque los padres están trabajando, o porque no les interesa el bienestar de sus hijos

- Hijos que sienten frialdad o aspereza por parte de sus padres
- Hijos que jamás son perdonados o sienten que no son dignos de la confianza de sus padres
- Hijos acostumbrados a salirse con la suya, que frecuentemente reciben un trato preferencial (malcriados)
- Hijos sobornados o amenazados para que tengan un buen rendimiento académico

Rechazo producto de la dinámica de los hermanos

- Hijos que tienen un hermano con una enfermedad terminal o mental que requiere atención y cuidado médico prolongado
- Hijos que reciben una disciplina injusta, especialmente cuando parece que otro miembro de la familia siempre tiene privilegios y es el favorito de todos

Rechazo producto de cambios o traumas en la vida

- Experimentar un incendio o un desastre natural que haga perder el hogar familiar
- Tener miembros de la familia que hayan cometido un crimen grave y hayan sido sentenciados a prisión
- Ser víctimas de abuso sexual o de incesto
- Experimentar una disminución repentina en el nivel socioeconómico de la familia debido a desempleo, subempleo o bancarrota

Rechazo producto de características físicas involuntarias
- Ser parte de una minoría racial

- Sufrir un impedimento del habla como tartamudeo, balbuceo, ceceo, o incapacidad de pronunciar ciertas consonantes o palabras
- Ser fastidiado, acosado o burlado debido a una característica física poco común

Rechazo producido en la escuela, la iglesia y otros grupos sociales

- Ser expulsado de la escuela por mal comportamiento
- Ser excluido de un grupo social en el que se desea estar, como el de los "chicos populares"
- Ser avergonzado por las creencias religiosas de los padres

Una palabra especial sobre el rechazo de los padres

El rechazo de los padres es una enorme puerta abierta para el enemigo. Todos necesitamos amor y aprobación, y debemos recibir esa aprobación de nuestros padres. Usted quizá recordará algunas veces en las que sus padres lo decepcionaron en cosas insignificantes, que lo dejaron abierto al rechazo. Si usted está enfrentando problemas relacionados con el rechazo y está leyendo este libro para procurar su propia liberación, sepa que usted se está preparando para ser el padre que sus hijos necesitarán y que quizás usted nunca tuvo. Es su trabajo estar atento para que el enemigo no lo utilice para plantar semillas de amargura y rechazo en los corazones de sus hijos. El enemigo tratará de repetir los mismos patrones de rechazo que usted experimentó y mantener esos patrones una generación tras otra.

El diablo trata de hacer su trabajo en los niños desde una edad temprana, y a través de los padres hará todo lo posible para sembrar una semilla de rechazo en sus corazones, lo que ocasionará que crezcan amargados y enojados. Es por ello que los niños necesitan ser liberados.

En Estados Unidos actualmente hay un enorme número de jóvenes resentidos. Están resentidos con sus padres porque no los amaron, no compartieron con ellos, o no los educaron en las cosas de Dios. Muchos jóvenes han nacido fuera del matrimonio. Su padre no vive en casa, así que no tienen una imagen paterna. Los padres están separados, divorciados, o nunca se casaron. Así que cuando vemos jóvenes involucrados en todo tipo de actividades impías y perversas, no podemos culpar solo al diablo por eso. El diablo no lo habría podido lograr si los padres no hubieran abierto la puerta dejando de orar por sus hijos, dejando de amarlos y dejando de ofrecerles seguridad.

El plan del diablo es destruir el matrimonio y traer infidelidad, separación y divorcio. Él sabe lo que este tipo de ruptura ocasiona en las generaciones posteriores. Él sabe cómo se siente un niño en medio de una batalla legal por su custodia, o cuando la madre tiene que ir a los tribunales a cobrar la pensión alimenticia, o cuando el padre no está dispuesto a pagar dicha pensión a sus hijos. Él sabe que una semilla de rechazo tiene el potencial de crecer hasta dejar la vida de una persona en ruinas.

Por supuesto, no todos los casos son como estos. No todos los hombres buscan evitar la responsabilidad de una familia. No quiero alimentar algún tipo de sentimiento en contra de los hombres. Hay muchos padres maravillosos que aman a sus hijos, y hay hombres y mujeres fuertes que están haciendo prosperar relaciones santas y criando hijos grandiosos. Pero fijémonos en las consecuencias de cuando este no es el caso, que con frecuencia no lo es. Sí, mamá está presente, y es posible que sea una mujer santa y poderosa que sabe orar, enseñar, profetizar y expulsar demonios. Pero nada puede sustituir a un padre comprometido con su hogar. Dios ha establecido un orden en el hogar que provee una defensa contra los ataques del enemigo hacia nuestros jóvenes.

Debemos recordar que el diablo no está detrás nosotros solamente; también está detrás de nuestra semilla. No podemos descuidar este aspecto y pensar solo en los que nos beneficia a nosotros. Es nuestra responsabilidad como padres criar a nuestros hijos de acuerdo con la Palabra de Dios.

Así que, sí, la culpa de lo que está pasando con nuestros jóvenes es principalmente de los padres. En Estados Unidos no podemos tener altas tasas de divorcio, múltiples parejas y hacer lo que nos dé la gana y esperar que nuestros hijos estén perfectamente. Esta generación está estropeada. La homosexualidad, el lesbianismo, la bisexualidad y la confusión de género corren rampantes entre los jóvenes. Hay un espíritu de perversión cuyas raíces se encuentran en el rechazo.

Debido a que han sido rechazados, estos jóvenes se sienten enojados y resentidos, y corren desesperadamente a hacer lo que les dijimos que no hicieran. La mayoría de las veces no sabemos lo que hacen nuestros jóvenes cuando salen de casa. Algunos no muestran ningún interés en la iglesia o en Dios, y nos preguntamos qué ocurrió. Bien, como lo expresamos anteriormente, todo comenzó cuando eran muy pequeños.

No obstante, podemos confiar en que Dios tiene un plan para restaurar todos los años que las langostas han devorado. Quizá no tomamos la mejor decisión en cuanto a la elección de nuestra pareja o no estábamos en una situación ideal cuando trajimos una nueva vida al mundo. Pero cuando crecemos en el conocimiento de Dios, podemos arrepentirnos y ser liberados y restaurados para que nuestros hijos y nietos estén blindados contra el enemigo. Podemos comenzar a reparar las brechas, a fin de que ellos puedan comenzar a avanzar en las bendiciones del pacto del Señor durante el resto de su vida.

Podemos detener el ciclo de rechazo, amargura e ira. Cuando hayamos sido liberados, ya nuestras elecciones del pasado no arruinarán nuestra vida. Podremos decir con confianza: "Voy a caminar con Dios. Dios me va a perdonar y a bendecir. Voy a criar a mis hijos lo mejor que pueda. Voy a atar al diablo. Voy a proteger a mi hijo o hija y a criarlo(a) en el temor del Señor. Voy a buscar la unción y la gloria de Dios. Mis hijos y yo vamos a estar bajo una protección espiritual especial, una buena iglesia, y nos vamos a someter a una autoridad espiritual. El diablo no alcanzará a mis hijos. Diablo, eres un mentiroso".

Padres solteros, hagan lo siguiente: si aún no están conectados con una buena iglesia, busquen una que tenga un pastor consagrado, y sométase a su protección y autoridad divina. Si usted es una madre soltera, o incluso un padre soltero que necesita ayuda y apoyo, no tiene que estar solo en el mundo tratando de combatir demonios y de enfrentar la sociedad sin ningún tipo de ayuda divina. Dios, sin embargo, creó una protección especial para las mujeres (ver 1 Corintios 11:3). No se trata de superioridad, ya que "no hay judío ni griego; no hay esclavo ni libre; no hay varón ni mujer; porque todos vosotros sois uno en Cristo Jesús" (Gl. 3:28). Todos somos parte de la semilla de Abraham. Hemos sido librados de cualquier maldición que subyugue a las mujeres. Quiero decir con esto que hay un nuevo orden divino. Así que si su padre no es creyente o no está proveyendo protección espiritual para usted como mujer soltera, busque un padre espiritual de confianza. Los niños y las mujeres fueron creados para ser protegidos. No fueron creados para estar solos en el mundo y sin protección.

El abuso y el trauma pueden abrir la puerta al rechazo

Otra manera en que el rechazo nos puede atormentar es a través del abuso o el trauma. El abuso físico, sexual y verbal está entre las experiencias más dañinas que una persona puede enfrentar. Estas experiencias pueden dejar profundas cicatrices, al punto de que algunos no logran desarrollarse y madurar después de vivirlas. El abuso abre la puerta a diferentes manifestaciones de rechazo, como el rechazo propio o el odio a uno mismo, a través de los cuales la persona o bien adquiere comportamientos autodestructivos, como ciertos trastornos alimenticios, o desarrolla un espíritu de enfermedad, como veremos más adelante. La persona también puede endurecer su corazón, lo que le dificulta mantener relaciones saludables con los demás y superar los recuerdos de lo ocurrido. Sin una buena dosis de oración y liberación, muchos pueden tener lo que algunos llaman "poca suerte en el amor".

Los demonios pueden entrar en nuestra vida a través de experiencias traumáticas. El Diccionario *Webster's* define *trauma* como "un desorden psíquico o estado conductual que resulta de un estés emocional o mental, o daños físicos graves".[3]

La violación y el incesto están entre las experiencias más devastadoras que han vivido muchos individuos alrededor del mundo y a través de la historia. A continuación las abordaremos para entender cómo estas le abren la puerta al rechazo.

Violación sexual

Un ser humano puede tener muchas dificultades, pero una de las experiencias que más puede afectar su vida es la violación sexual. El asalto o abuso sexual es una agresión que no solo produce daño físico, sino que también deja cicatrices emocionales profundas. Este acto impío puede abrir las puertas a la opresión del enemigo, dejando casi siempre una estela de destrucción, depresión y manifestaciones de baja autoestima que causan estragos en la vida de la víctima.

Cuando alguien ha sido víctima de violación o abuso sexual puede sentir dolor, desconfianza, lujuria, perversión, ira, odio, rabia, amargura, vergüenza, culpa y miedo. Todas son manifestaciones del lado asociado al rechazo en un espíritu de ánimo dual. Si los demonios no se disciernen y son expulsados, se aprovechan del estado de debilidad de la persona, colocándole trampas y vicios que la atormentarán durante el resto de su vida. Las violaciones sexuales también pueden ser parte de una maldición generacional. Durante el ministerio de liberación muchas veces se descubren historias de violación y abuso sexual que son transmitidas a través del linaje.

Si examinamos de cerca la historia de los pueblos oprimidos, como los afroamericanos o los judíos durante el régimen de Hitler; así como algunas de las limpiezas étnicas en África y otras partes del mundo, nos damos cuenta de que la violación sexual siempre ha sido una forma de dominar y controlar a la gente. En Lamentaciones 5 se presenta este caso en la historia del pueblo de Israel. El versículo 11 dice: "Violaron a las mujeres en Sion, A las vírgenes en las ciudades de Judá".

Violar a un pueblo oprimido es algo vergonzoso y humillante. Los que ganaban las guerras violaban (y aún violan) a las mujeres del pueblo conquistado. Esta es una práctica frecuente y malévola muy común durante los conflictos bélicos.

Los que han sufrido abuso y violencia sexual tienen problemas para experimentar intimidad sexual en el matrimonio. Siempre están tan alertas y temerosos de que se aprovechen de ellos, que se cohíben de expresar emociones como amor, afecto y deseo por su cónyuge. Algunos individuos sienten que odian a todo el mundo y desarrollan raíces de amargura muy profundas. Mecanismos de defensa como estos son veneno para la mente, el cuerpo y el espíritu. Con frecuencia terminan con espíritus de enfermedades y dolencias, incluyendo algunas enfermedades autoinmunes, o cáncer.

Violación sexual a través del incesto

El incesto es una violación que usualmente es perpetrada por un miembro de confianza y admirado de la familia. Con frecuencia, la víctima se siente traicionada, avergonzada y culpable por aparentemente haber provocado el acto. Es probable que se pregunte: "¿Qué hice para que esta persona pensara que yo quería esto?". El incesto también puede ser parte de una maldición generacional.

Las víctimas de incesto muchas veces sienten que pueden enloquecer por todo el tormento y la culpa que trae este tipo de violación. Es posible que sufran depresión y confusión, lo que los puede llevar a tener pensamientos y tendencias suicidas. Como tienen la puerta espiritual abierta de par en par para seducir espíritus, muy frecuentemente caen en un estilo de vida lujurioso, promiscuo y sexualmente pervertido.

EL RECHAZO EN UNA ETAPA MÁS TARDÍA DE LA VIDA

A medida que crecemos seguimos experimentando el rechazo de diversas maneras. Lo cierto es que siempre nos encontramos con personas que también han sido rechazadas y, a causa de ese rechazo, rechazan a los demás, incluyéndonos a nosotros. El divorcio, la muerte de un ser querido, e incluso los problemas de salud pueden continuar el ciclo de rechazo hasta la adultez. He aquí una breve lista de cómo aparece el rechazo en etapas más tardías de la vida de una persona:

- Al ser abandonada por su cónyuge o divorciarse
- Al enviudar o ser engañada por su cónyuge
- Al sufrir maltrato físico o mental de parte de su cónyuge
- Al sentir vergüenza por haber sido condenado por un delito
- Por ir a prisión
- Por sufrir problemas físicos, emocionales o mentales prolongados, y luego de agotar todas las formas de ayuda profesional, continuar enferma
- Al tener problemas para alcanzar acuerdos con su cónyuge en relación con las creencias y prácticas religiosas
- Por inestabilidad en las finanzas domésticas y la provisión de las necesidades básicas debido a la adicción de uno de los cónyuges al alcohol o las drogas
- Debido al rompimiento de una relación romántica importante y el consiguiente sufrimiento
- Al vivir con una discapacidad permanente como resultado de una enfermedad o accidente
- Al estar forzado a vivir en circunstancias difíciles sobre las que la persona no tiene ningún control
- Al ser despedido de un trabajo por incompetencia, o por ser incapaz de hallar un empleo durante un largo período de tiempo
- Al ser rechazada por amigos de confianza, mentores o consejeros
- Al perder dinero debido a malas inversiones realizadas por consejo de un amigo cercano, o ser traicionada financieramente por consejeros deshonestos

Rechazo étnico, cultural y social

El racismo, los prejuicios, la intolerancia y otras formas de opresión debido a antecedentes culturales, raza u étnico, dejan espacio para que el espíritu de rechazo se fortalezca. Cuando se nace en una raza o cultura particular, existen rechazos asociados con el linaje que suelen ser imposibles de evitar. El individuo no tiene que hacer nada malo para que la gente lo rechace, es simplemente el color de su piel lo que ocasiona el rechazo. La amargura, la ira, la desconfianza, el odio, la retaliación contra quienes lo han rechazado algunas veces son manifestaciones demoníacas asociadas con este tipo de rechazo. Las víctimas a menudo experimentan un nivel de estrés, ansiedad y depresión más alto como resultado de vivir bajo constantes limitaciones y restricciones. El racismo es demoníaco de por sí, pero este también desata una respuesta demoníaca en sus víctimas.

Jesús quiere liberarnos de la necesidad de promover este tipo de rechazo, y ha establecido un camino para que todos seamos liberados de la opresión. Aunque el racismo y otros tipos de prejuicios no siempre se discuten en nuestras iglesias, sí se trataron y se confrontaron en la Biblia. Veamos un par de ejemplos.

La historia de Esaú tiene varios ejemplos asociadas con el espíritu de rechazo. Él fue rechazado porque vendió su derecho de primogénito, pero ese rechazo inicial continuó expandiéndose, exponiendo a toda su descendencia al rechazo debido a su linaje.

"...de que no haya ninguna persona inmoral ni profana como Esaú, que vendió su primogenitura por una comida. Porque sabéis que aun después, cuando quiso heredar la bendición, *fue rechazado*, pues no halló ocasión para el arrepentimiento, aunque la buscó con lágrimas".

—HEBREOS 12:16–17, (LBLA)
ITÁLICAS AÑADIDAS

Los descendientes de Ismael, el hijo de Abraham, conocidos actualmente como el pueblo árabe, llevan a cuestas un fuerte espíritu de rechazo. Constantemente escuchamos de conflictos en esa parte del mundo que se han suscitado desde la antigüedad. Los judíos también han sufrido rechazo a lo largo de la historia, desde los tiempos bíblicos hasta las Cruzadas, y luego en el Holocausto.

Para dejar claro que este tipo de discriminación no le agradaba a su Padre, Jesús viajaba deliberadamente a través de Samaria aunque los judíos y los samaritanos siempre se habían odiado. Su propósito al exponer la intolerancia en los corazones de la gente de su tiempo era dar un mensaje de igualdad para nosotros en la actualidad (ver Juan 4). Incluso en la iglesia primitiva, el prejuicio y el racismo entre judíos y gentiles eran comportamientos graves que los apóstoles condenaban.

Cuando alguien que acepta a Cristo ha sufrido rechazo racial, étnico o cultural, necesita libración. Muchos afroamericanos necesitan liberación en este sentido debido a los problemas generacionales que arrastran desde la esclavitud. Los nativos americanos son otro grupo que ha sido oprimido generación tras generación. También necesitan liberación cuando aceptan a Cristo.

Dios no tiene un grupo étnico favorito sobre otro. Los negros, los nativos americanos, los judíos, los samaritanos, los árabes, y cualquier otro grupo que haya sufrido rechazo debido a su identidad, pueden hallar liberación y sanación en Él. La historia de ciertos pueblos no determina su futuro. En

Cristo podemos ser libres aunque las normas sociales de rechazo no cambien. El orgullo, el miedo, la ira, la depresión, la baja autoestima, la mentalidad de víctima, la inferioridad, la pobreza y todos los demás demonios que se manifiestan como resultado de este tipo de rechazo, no tienen que formar parte de nuestra vida.

A continuación daremos un vistazo al rechazo desde otra perspectiva: el rechazo divino. No hablamos mucho de este tipo de rechazo en la iglesia porque queremos que la gente sepa que Dios es amor. Aunque es cierto que Dios es amor, Él tiene estándares y no acepta cualquier cosa. Si no cuidamos la manera en que manejamos el rechazo divino, este puede traer ruina a nuestra vida.

CAPÍTULO 2

¿RECHAZADOS POR DIOS?

"Mi pueblo es destruido por falta de conocimiento. Por cuanto tú
has rechazado el conocimiento, yo también te rechazaré".

—OSEAS 4:6 (LBLA)

ASTA AHORA HEMOS hablado de casos en los que un individuo es rechazado por otras personas, como uno de los padres, o ha sido criado en malas condiciones. Hemos visto que el abuso sexual puede dar paso a un espíritu de rechazo, ocasionando que la persona tenga dificultades en sus relaciones. También hemos hablado del rechazo propio, el temor a ser rechazados, la culpa, la vergüenza, el orgullo, y muchos otros espíritus demoníacos que aparecen como consecuencia del rechazo. En última instancia, estos espíritus sientan las bases que dan pie al ánimo dual y la inestabilidad. En este capítulo voy a tratar el tema del rechazo desde un ángulo diferente. Quiero que analicemos un poco el rechazo divino, el rechazo de Dios hacia ciertas personas y estilos de vida.

La razón por la que quiero hablar de esto es porque hemos comenzado a creer que Dios nunca rechaza a nadie, que Dios es amor, y que nos perdona independientemente de lo que hayamos hecho. Y eso es cierto. Pero a veces nos olvidamos de que Dios también es santo y que sus estándares son de santidad. Como hijos de Dios, deberíamos querer complacerlo y crecer en su conocimiento. No queremos irnos por el camino de la desobediencia y la rebelión, como el pueblo de Israel, ya que al final ese camino nos llevará a la destrucción y la desolación. Por lo tanto, debemos entender que Dios sí tiene estándares, y que nosotros, como el pueblo de su pacto, debemos buscar la santidad para ser santos como Él. No todo lo que hacemos en la vida es santo y aceptable para Dios.

Incluso a la luz de esta revelación, debo señalar también las palabras de Jesús en Juan 6:37: "Todo lo que el Padre me da, vendrá a mí; y al que a mí viene, no le echo fuera". Así que podemos estar seguros de que nadie que se arrepienta y venga a Dios con fe, será rechazado. Jesús nos dijo: "Venid a mí todos los que estáis trabajados y cargados, y yo os haré descansar" (Mt. 11:28). Dios le da ánimo a la gente. Él no se cohíbe. Él no rechaza a la gente por su color, cultura o género. Dios es amor y nunca rechazará a alguien que venga a Él con fe, amor y arrepentimiento. Pero hay ciertos comportamientos y estilos de vida que Dios no puede apoyar o aceptar. Si decidimos permanecer en ellos, Dios dejará de cuidarnos y nos dejará vivir el estilo de vida que hayamos escogido. Así que, en esencia, somos nosotros los que rechazamos primero a Dios.

REFERENCIAS BÍBLICAS SOBRE EL RECHAZO DIVINO

Cuando enseñamos que Dios acepta a todas las personas sin condiciones, no estamos reflejando con precisión las reglas establecidas en su Palabra. La Biblia contiene muchas historias que revelan el rechazo de Dios hacia ciertos comportamientos y estilos de vida. En Génesis 3 vemos que Dios rechazó a Adán, el primer hombre de la creación, por desobedecer su mandamiento de no comer del árbol del conocimiento del bien y del mal. Adán comió del árbol y, como resultado, fue expulsado del Jardín del Edén.

La próxima persona que Dios rechazó fue a Caín, quien le ofreció un sacrificio que Él no aceptó. Pero Caín, en vez de corregir su error, se sintió celoso de su hermano Abel porque Dios sí aceptó el sacrificio de este. Caín, manifestando plenamente un espíritu de rechazo, dejó que la ira y la amargura lo llevaran a asesinar a Abel (Gn. 4:3–10).

Abraham y Sara no quisieron esperar a que Dios cumpliera su promesa, sino que tomaron el asunto en sus propias manos. Sus acciones provocaron que un pueblo entero fuera rechazado una generación tras otra. Hablaremos brevemente sobre el rechazo social hacia los ismaelitas en el último capítulo.

Ismael, concebido por la negativa a esperar en Dios, también fue rechazado por Él (Gn. 21:8–21). Abraham y Sara pretendieron ayudar a Dios utilizando a Agar, la criada de Sara, como madre sustituta (ver Génesis 16:1–4). Pero ese no era el plan de Dios, y tampoco necesitaba que lo ayudaran. Así que Ismael fue rechazado como el hijo prometido. Debemos entender que no era que Dios no amara a Ismael, porque sí lo amaba, así como nos ama a cada uno de nosotros. Era simplemente que Ismael no era el hijo que Dios le había prometido a Abraham.

En 1 Samuel 15:17 aparece el ejemplo de otra persona que experimentó el rechazo divino: "Aunque eras pequeño en tus propios ojos, ¿no has sido hecho jefe de las tribus de Israel?". En este versículo el profeta Samuel le recuerda a Saúl quién era él antes de convertirse en el rey de Israel. Como venía de la tribu de Benjamín, la más pequeña de las tribus de Israel, Saúl entró en escena predispuesto a los espíritus de rechazo propio, inferioridad e inseguridad. Dios lo escogió y ungió para que fuera el primer rey de Israel. Pero durante su reinado, el espíritu de rechazo y otros reductos comenzaron a manifestarse cada vez más. Se convirtió en un ser rebelde y desobediente, y decidió seguir su propio camino lejos de Dios. Se rehusó a someterse a la dirección del Espíritu Santo a través del profeta

Samuel. Esta arrogancia y orgullo llevaron a que Dios lo rechazara como rey de Israel.

> "Más le agrada al Señor que se le obedezca, y no que se le ofrezcan sacrificios y holocaustos; vale más obedecerlo y prestarle atención que ofrecerle sacrificios y grasa de carneros. Tanto peca el que se rebela contra él como el que practica la adivinación; semejante a quien adora a los ídolos es aquel que lo desobedece. *Y como tú has rechazado sus mandatos, ahora él te rechaza como rey*".
>
> —1 SAMUEL 15:22-23 (DHH),
> ITÁLICAS AÑADIDAS

Aunque el rechazo divino abrió la vida de Saúl a los demonios de la paranoia, la sospecha, el espíritu de asesinato, la brujería y el suicidio, debemos comprender que fue Saúl quien primero rechazó a Dios. Por supuesto, la intención de Dios no era vengarse de Saúl, pero había ciertos mandamientos e instrucciones a través de las cuales Dios quería bendecir y hacer prosperar a Saúl y al pueblo de Israel. La determinación de Saúl de ir en contra de Dios lo llevó a seguir un camino de destrucción. Perdió la bendición, la protección y la victoria sobre el enemigo que trae la obediencia y la sumisión a Dios. La historia del rechazo de Saúl nos demuestra cómo los demonios de rechazo pueden arruinar completamente la vida de una persona.

RECHAZAR EL CONOCIMIENTO DE DIOS ABRE LA PUERTA A LA DESTRUCCIÓN

El rechazo por parte de Dios viene como resultado del rechazo al conocimiento de Dios.

"Mi pueblo es destruido por falta de conocimiento. Por cuanto tú has rechazado el conocimiento, yo también te rechazaré para que no seas mi sacerdote; como has olvidado la ley de tu Dios, yo también me olvidaré de tus hijos".

—Oseas 4:6 (lbla)

Este versículo define la maldición del rechazo, también conocida como el demonio del rechazo. Esta maldición o espíritu demoníaco no se relaciona únicamente con el hecho de ser rechazados por alguien en algún momento. El demonio del rechazo, que entra en nosotros como resultado de rechazar el conocimiento de Dios, hace que nuestra vida entera esté marcada por manifestaciones de este demonio, las cuales exploraremos en los siguientes capítulos. Aunque todos hemos sido de una u otra forma víctimas del rechazo, hay una infiltración más profunda del espíritu, maldición o demonio del rechazo que destruye vidas y nos hace rechazar a Dios. Pero hay liberación y también perdón.

Dios siempre está dispuesto a recibirnos con un corazón arrepentido y humillado. Si venimos a Él en medio de nuestro caos y confesamos que queremos conocer sus caminos, que queremos andar en el conocimiento, la sabiduría y la comprensión de su Palabra, Él nos librará de la destrucción del rechazo.

Dios, sin embargo, no puede aceptarnos si estamos viviendo en deliberada oposición a sus mandamientos. Él nos rechazará si nosotros rechazamos la liberación, su Palabra, y la dirección de su Espíritu. Estamos viviendo en una época en la que casi nadie puede decir que nunca ha escuchado hablar de Dios. Quizás existen grupos aislados que nunca han oído hablar del Dios de la Biblia, pero la mayoría de nosotros, de una u otra forma, ha tenido la oportunidad de recibir la verdad, la liberación y la sanación de Dios. Así que si decidimos ir en dirección opuesta y nuestra mente está empecinada en seguir esa dirección, Dios nos dice: "Yo te rechazaré".

Oseas 4:6 dice claramente: "Por cuanto tú has rechazado el conocimiento, yo también te rechazaré". Así que no es solo la falta de exposición al conocimiento de Dios, sino también nuestra renuencia a aceptarlo. Y a través del rechazo de este conocimiento, somos destruidos. Enfoquémonos por un momento en la palabra *destruido* en este versículo.

El espíritu de destrucción llega a nuestras vidas como resultado de nuestro rechazo a Dios, y posteriormente por su rechazo hacia nosotros. Si queremos sentir la victoria, la bendición y la protección de Dios; e incluso la aceptación, porque su amor siempre lo tenemos; es importante que nos arrepintamos y aceptemos su verdad. Necesitamos estar abiertos, ser humildes y someternos a la obra del Espíritu Santo en nuestras vidas.

RECHAZAR A DIOS NOS ENTREGA A UNA MENTE REPROBADA

"Y como ellos no aprobaron tener en cuenta a Dios, Dios los entregó a una mente reprobada, para hacer cosas que no convienen".

—ROMANOS 1:28

Rechazar constantemente a Dios y sus caminos llena nuestra mente de maldad y de razonamientos confusos que finalmente llevan a la destrucción. Esto fue lo que le ocurrió a Saúl. Cuando analizamos Romanos 1:28, nos damos cuenta de que Saúl fue entregado a una mente reprobada como resultado del rechazo divino. *Reprobado* significa "rechazado por su poco valor; corrompido moralmente".[1] Describe a alguien cuya mentalidad, razonamientos y procesos mentales han sido rechazados por Dios.

En Romanos 1:29-31 encontramos toda una variedad de demonios que son característicos de las mentes reprobadas. Quienes los poseen, "están llenos de toda clase de injusticia, perversidad, avaricia y maldad. Son envidiosos, asesinos, pendencieros, engañadores, perversos y chismosos. Hablan mal de los demás, son enemigos de Dios, insolentes, vanidosos y orgullosos; inventan maldades, desobedecen a sus padres, no quieren entender, no cumplen su palabra, no sienten cariño por nadie, no sienten compasión" (DHH).

Es difícil creer que individuos que una vez caminaron con Dios puedan llegar a un punto en el que los demonios los controlen, causando devastación y destrucción total en sus vidas. Pero muchos podemos terminar en ese estado si Dios nos rechaza y nos entrega a una mente reprobada. Tal vez nunca escuchemos este mensaje desde el púlpito, pero la Biblia nos da una imagen del rechazo divino que no admite discusión. Desde Caín hasta Saúl, pasando por el pueblo de Israel, Dios nos revela que Él ha establecido ciertas normas para vivir con rectitud. Los lineamientos que Él nos ha dado no acarrean el mal. Fueron creados para hacernos prosperar y bendecirnos. Pero cuando desobedecemos sus mandamientos, no recibimos bendición ni protección, ni tenemos el poder de vencer al enemigo. Cuando se elimina esta protección—su aceptación—quedamos expuestos y vulnerables.

No solo se elimina esta protección, sino que experimentamos el mismo rechazo que experimentaron los hijos de Israel. Ellos fueron expulsados de la Tierra Prometida y esclavizados en Babilonia. Dios rechazó incluso al sacerdote Elías porque no corregía a sus hijos. Elías fue rechazado y apartado del sacerdocio (ver 1 Samuel 2:12-4:18). Dios no permite que ningún comportamiento hacia Él quede sin consecuencias. Hay que cumplir ciertas condiciones para poder recibir sus bendiciones y su favor.

Un ejemplo de lo que está ocurriendo en nuestros días, lo vemos con los matrimonios entre homosexuales. Este comportamiento forma parte de las abominaciones que resultan cuando el hombre es entregado a una mente reprobada (ver Romanos 1:26–27). Aunque los gobiernos les han permitido que hagan lo que mejor les parezca, la verdad es que Dios rechaza los matrimonios entre dos personas del mismo género. Ese no fue ni es su designio, y eso que el ser humano está tratando de redefinir y hacer legal jamás será bendecido por Dios.

Muchos grupos de activistas están luchando para que la homosexualidad y otros estilos de vida perversos sean aceptados por la sociedad, demostrando que su propia mentalidad y racionalidad están reprobadas. Han cruzado la línea. Han rechazado a Dios y su designio para la familia y el matrimonio. Están tan inmersos en su propio conocimiento, que no se dan cuenta de que Dios los ha rechazado. Continúan, como Saúl, pensando que actúan correctamente, cuando de hecho el Espíritu de Dios no está con ellos.

Hay muchos creyentes que increíblemente también apoyan esta lucha, y me permito aconsejarles que reconsideren su posición. Aunque muchos predicadores y teólogos están diciendo que la Biblia es obsoleta en este sentido, o que lo que dice no se está interpretando correctamente, pueden estar seguros de que de Dios nadie se burla. Él no es un hombre, ni dice mentiras. Su propósito para el matrimonio es que sea un pacto sagrado entre un hombre y una mujer. Él los creó hombre y mujer para que fructificaran y se multiplicaran (Gn. 1:28). Si usted está de acuerdo con quienes promueven algo diferente, usted ha escogido rechazar la verdad de la Palabra de Dios, y está en posición de ser rechazado por Él.

Este es un peligro real y presente que muchos niegan en esta época. Pero Dios no acepta cualquier cosa. Él solo acepta lo que le es digno de ser aceptado. El no acepta cualquier tipo de sacrificio, ofrecimiento o estilo de vida.

No podemos vivir como mejor nos parezca y ser aceptados

De alguna manera hemos entendido que, como Dios es amor, él no tiene reglas para su pueblo. Es cierto que podemos venir a Él tal como somos, pero la manera en que experimentamos su plenitud depende de si nos acercamos a Él en sumisión y humildad, esperando cambiar nuestros caminos por los suyos. Nos acercamos a Dios a través de Jesús y recibimos el regalo de la salvación. Después el Espíritu Santo comienza su labor de liberarnos y transformarnos a su semejanza.

Algunas personas piensan que Dios acepta todo y a todos. Que aunque hagan cualquier cosa, Dios aún los acepta. Básicamente, creen que Él acepta injusticias, fornicación, perversidad, avaricia, maldad, envidia, homicidios, contiendas, engaños, chismes, calumnias, violencia, ira, orgullo, jactancia y desobediencia (ver Romanos 1:29–30). Aquellos miembros de la iglesia que creen en un Dios que todo lo acepta, rechazan de inmediato esta afirmación y dicen: "Eso no es lo que quiero decir". Pero, ¿no es así?

A veces somos tan blandengues con el tema del amor de Dios, que pensamos que ningún comportamiento debe ser condenado o discutido. Con la excusa de que Dios es amor, toleramos todo tipo de cosas y nunca hacemos juicio de nada. Incluso he descubierto que, aunque odio utilizar la palabra *juzgar,* Jesús dijo: "Juzgad con justo juicio" (Jn. 7:24). Así que sí es pertinente juzgar algunas cosas. Si hay dos individuos en la iglesia que están cometiendo pecado sexual, tal comportamiento debe ser juzgado por los líderes de la iglesia. Los líderes, especialmente, no deben permitir que la gente viva en pecado si tienen conocimiento de ello. El apóstol Pablo habló sobre el comportamiento y las enseñanzas impías, no solo por la influencia que ambas cosas tienen en una persona, sino también por las consecuencias que esto tiene en el Cuerpo de Cristo.

"De cierto se oye que hay entre vosotros fornicación, y tal fornicación cual ni aun se nombra entre los gentiles; tanto que alguno tiene la mujer de su padre. Y vosotros estáis envanecidos. ¿No debierais más bien haberos lamentado, para que fuese quitado de en medio de vosotros el que cometió tal acción? [...] No es buena vuestra jactancia. ¿No sabéis que un poco de levadura leuda toda la masa? Limpiaos, pues, de la vieja levadura, para que seáis nueva masa, sin levadura como sois; porque nuestra pascua, que es Cristo, ya fue sacrificada por nosotros".

—1 CORINTIOS 5:1–7

Aquí Pablo no solo está hablando del pecado, sino de la forma en que la iglesia aborda el pecado del cual tiene conocimiento, aquél que fue cometido y revelado. Los líderes de la iglesia lo dejan pasar y no lo juzgan. No buscan corregirlo ni traer a la persona a salvación, consejería, oración y restauración. Simplemente permiten que el pecado que el mismo Dios rechaza habite entre ellos.

Ahora bien, también hay gente que hace cosas que no sabemos. Esconden sus actos, aunque no lo pueden hacer durante mucho tiempo. Lo que se hace en la oscuridad, debe salir a la luz (Mr. 4:22; Lc. 8:17). Pero hay otros que viven abiertamente en pecado, y que sienten que pueden tener un comportamiento impío e inicuo y que nadie les debe decir nada al respecto. Pero eso no es lo que la Biblia dice. Especialmente dentro del Cuerpo de Cristo, debemos apresurarnos a llamar la atención sobre el comportamiento inmoral y las enseñanzas incorrectas.

"Os he escrito por carta, que no os juntéis con los fornicarios; no absolutamente con los fornicarios de este mundo, o con los avaros, o con los ladrones, o con los idólatras; pues en tal caso os sería necesario salir del mundo. [...] Porque a los que están fuera, Dios juzgará. Quitad, pues, a ese perverso de entre vosotros".

—1 Corintios 5:9–10, 13

Dios aclara que el juicio de aquellos que no pertenecen al Reino le pertenece a Dios, pero dentro del Reino hay un estándar. Es por ello que creo sinceramente en la unción profética. Los profetas tienen el discernimiento y la unción de ver y anunciar las cosas impías que ocurren dentro de la iglesia. Las iglesias proféticas suelen mantener en alto los estándares del Señor.

Aunque existan personas que nos quieran convencer de que no podemos llamar la atención sobre su estilo de vida; si son honestos, tienen que admitir que la vida no es como ellos piensan. Cuando crecemos y aprendemos más sobre la vida, comenzamos a entender que siempre habrá alguien que juzgará nuestras acciones. Si cometemos un crimen, la policía vendrá a arrestarnos. Seremos juzgados. Habrá un juez frente al que nos tendremos que parar. No podemos estar delante de él y decirle: "Bueno, la Biblia dice que 'no debemos juzgar'". No podemos vivir una vida de crimen, quebrantar las leyes y ser un peligro para la sociedad, y esperar que no nos juzguen.

El propósito de la ley, el orden, la policía, los jueces y los abogados es frenar a la gente que pudiera convertirse en una amenaza para la sociedad. Todos tenemos derecho a disfrutar en paz y prosperidad. La Constitución de Estados Unidos dice que nuestro Creador nos ha otorgado ciertos derechos inalienables y que debemos tener la capacidad de buscar tres cosas: vida, libertad y felicidad. Cada uno de nosotros tiene el derecho de disfrutar de esas tres cosas. Eso no lo dice la Biblia, lo dice la Constitución. Así que, si hay gente rondando sin control y al margen de la ley, sus acciones no solo destruirán sus vidas, sino que también pondrán en riesgo la vida, libertad y felicidad de los demás.

La sociedad estadounidense ha establecido una norma para evitar que eso ocurra. El Reino de Dios es una sociedad santa, separada, con sus correspondientes procedimientos que evitan que pongamos en riesgo la oportunidad de vivir en la plenitud de la gloria y la presencia de Dios. Por lo tanto, así como hay ciertas cosas que no podemos hacer cuando vivimos en una sociedad terrenal, hay cosas que no podemos hacer como ciudadanos del Reino. Aunque el Reino de Dios y las sociedades terrenales pueden diferir en cuanto a lo que es aceptable, nuestras acciones serán juzgadas en ambos lugares, y algunas de ellas serán rechazadas. Si no respetamos estos requerimientos y tomamos la decisión de vivir infringiendo las leyes, podemos ser expulsados de ambas.

Si deseamos vivir en el Reino de Dios y contar con su bendición y favor en nuestras vidas, debemos saber que Él tiene exigencias en cuanto a la forma en que debemos vivir. Y según su Palabra, hay maneras de vivir que Él rechaza completamente.

DIOS SIEMPRE RECHAZARÁ LA DESOBEDIENCIA

Lea el siguiente extracto de 1 Samuel 16:1: "Dijo Jehová a Samuel: ¿Hasta cuándo llorarás a Saúl, habiéndolo yo desechado para que no reine sobre Israel? Llena tu cuerno de aceite, y ven, te enviaré a Isaí de Belén, porque de sus hijos me he provisto de rey". Así que Saúl fue rechazado como rey. Fue separado del cargo para el que Dios lo había ungido por haber rechazado las instrucciones del Señor. Se volvió rebelde y trató de hacer que Dios aceptara lo que él decidiera hacer.

"Entonces dijo Saúl: Traedme holocausto y ofrendas de paz. Y ofreció el holocausto. Y cuando él acababa de ofrecer el holocausto, he aquí Samuel que venía; y Saúl salió a recibirle, para saludarle. Entonces Samuel dijo: ¿Qué has hecho? Y Saúl respondió: Porque vi que el pueblo se me desertaba, y que tú no venías dentro del plazo señalado, y que los filisteos estaban reunidos en Micmas, me dije: Ahora descenderán los filisteos contra mí a Gilgal, y yo no he implorado el favor de Jehová. Me esforcé, pues, y ofrecí holocausto. Entonces Samuel dijo a Saúl: Locamente has hecho; no guardaste el mandamiento de Jehová tu Dios que él te había ordenado; pues ahora Jehová hubiera confirmado tu reino sobre Israel para siempre. Mas ahora tu reino no será duradero. Jehová se ha buscado un varón conforme a su corazón, al cual Jehová ha designado para que sea príncipe sobre su pueblo, por cuanto tú no has guardado lo que Jehová te mandó".

—1 SAMUEL 13:9–14

Nosotros hacemos esto con demasiada frecuencia. Tratamos de cambiar las reglas de Dios para que se ajusten a lo que queremos hacer, y luego tratamos de presentárselas a Él como algo aceptable. Este fue el pecado de Caín. Pero Dios siempre rechaza la desobediencia, y si insistimos en seguir desobedeciendo, Él nos puede rechazar.

Dios no quiere sacrificios, sino obediencia. Podemos llevar un sacrificio de alabanza al santuario y adorarlo más que nadie, correr alrededor de la iglesia, hablar en lenguas, imponer manos en los enfermos, e incluso profetizar (Saúl profetizaba después de haber sido rechazado como rey, ver 1 Samuel 19:23–24), y aun así ser rechazados por Dios. Cuando obedecemos a Dios demostramos que hemos recibido su palabra en nuestras vidas. Nuestra obediencia es lo que demuestra nuestro amor por Él. Amar a Dios es uno de los mandamientos más importantes que podemos cumplir. La obediencia también refleja nuestra fe en Dios. Existen días en los que simplemente no creemos en Dios o su Palabra, y nos involucramos en estilos de vida que son un reflejo de esa falta de fe.

Como creyentes no debemos participar en ningún comportamiento que refleje un rechazo del conocimiento de Dios y sus caminos. Por supuesto, es probable que al aceptar la salvación no sepamos todo lo que Dios requiere de su pueblo. Pero mientras crecemos en el conocimiento de Dios, nuestro comportamiento debe madurar y transformarse. El ministerio de liberación nos permite limpiar toda la basura dejada por el enemigo y construir y sustentar un estilo de vida consagrado a Dios.

En Dios siempre habrá niveles superiores, y a medida que los descubrimos nos arrepentiremos de nuestras antiguas acciones, seremos liberados de la influencia del enemigo en cada una de esas viejas cosas y comenzaremos a llevar una vida de obediencia. La lujuria, el rechazo, el odio, la ira, la amargura y el resentimiento no tienen por qué gobernar nuestras mentes y espíritus. Dejamos de ser esclavos del pecado. Independientemente de lo que pase en el mundo, podemos tomar la decisión de vivir nuestras vidas de acuerdo con los estándares de Dios y ser bendecidos, favorecidos y aceptados por él. Ya una vez fuimos rechazados y separados de Dios, pero gracias a Jesús, ese no fue el final de la historia.

Antes de comenzar el siguiente capítulo, ore y pídale a Dios que le muestre de qué manera el espíritu de rechazo está controlando su vida y qué aspectos de ella necesita cerrar al enemigo. Veremos cómo el rechazo, sea de parte de otras personas, de Dios, o de nosotros mismos, establece su reino en nuestras vidas. Y desarrollaremos una estrategia para destruir este espíritu para siempre.

CAPÍTULO 3

MANIFESTACIONES DEMONÍACAS DEL RECHAZO

"Despreciado y desechado entre los hombres,
varón de dolores, experimentado en quebranto".

—ISAÍAS 53:3

L ESPÍRITU DEMONIACO del ánimo dual entra en la vida de un individuo a través del rechazo. Durante los más de treinta años que llevo ministrando liberación por todo el mundo, siempre me ha sorprendido la frecuencia con que aparece este espíritu. Casi todos los endemoniados a los que le he ministrado, tienen en común una raíz de rechazo que abre la puerta a todo tipo de opresión. Como señalé con anterioridad, la herida del rechazo comienza desde la más tierna infancia. Muchos van por la vida con dolores y heridas que no han sido tratadas y, al igual que como ocurre con las lesiones físicas, termina desarrollándose una infección espiritual, por decirlo de alguna manera. Esta infección atrae demonios desde todos los puntos cardinales. Estos demonios se alimentan como parásitos de la herida infectada, y al cabo de poco tiempo la víctima está sufriendo de tantas dolencias espirituales, que se le hace sumamente difícil descifrarlas y hallar la libertad. Es por ello que la liberación es tan importante.

El rechazo nos roba la identidad. Después de infligir la herida inicial, hace que el individuo dude de quién es, y sienta que hay algo malo en él. Luego, rechazándose a sí mismo, trata de convertirse en la persona que él cree que agradará a los demás. O llega a la conclusión de que nadie lo va a querer. De esta forma, comienza la rebelión. Es así como el espíritu de rechazo propio, que usualmente acompaña al rechazo, se manifiesta. El enemigo convence a la persona de que la única forma de sobrevivir es suprimir su ser real y operar en una personalidad alterna.

En el centro del espíritu del rechazo están el rechazo propio, el miedo al rechazo y la acción de rechazar a otros. El rechazo es una experiencia dolorosa por la que nadie desea pasar. Muchos la evitamos a cualquier costo.

La "personalidad de rechazo" es la manifestación interior del ánimo dual, como vemos en el caso de Acab, uno de los reyes de Israel. Cuando una persona es rechazada, esta trata de defenderse del dolor mediante el aislamiento, ensimismándose. Esta defensa no es otra cosa que miedo; miedo a ser herida, ridiculizada, traicionada, maltratada o abusada de nuevo. El miedo y sus manifestaciones se convierten en reductos en la vida de quien lleva consigo el espíritu del rechazo.

El rechazo es el sentimiento de ser no apreciados, el sufrimiento de desear con ansias el amor de los demás, pero convencidos de que no se tiene. Pueden, de hecho, estar amándonos y aceptándonos, pero cuando se padece de rechazo, somos incapaces de creer o recibir. Se tiene el deseo de ser parte de algo, pero nunca se siente que lo somos. Isaías escribió acerca de una mujer que sufrió una terrible y profunda herida espiritual por causa del rechazo.

"Porque como a mujer abandonada y triste de espíritu te llamó Jehová, y como a la esposa de la juventud que es repudiada, dijo el Dios tuyo".

—ISAÍAS 54:6

Para compensar el rechazo, algunos se encierran como una tortuga dentro de su caparazón, buscando protección. Otros estallan de ira y odio, luchando amargamente en contra del dolor y la injusticia. La gente rechazada muchas veces pasa su vida en busca de una identidad propia, y no una relación verdadera con Dios.[1]

ESPÍRITUS DEMONÍACOS ASOCIADOS CON EL RECHAZO

Hemos hablado del rechazo como una personalidad, pero es necesario entender también que es un demonio. En el cúmulo de los demonios del rechazo, varios espíritus malignos se unen para reforzar y profundizar el control sobre la vida de un individuo. He enseñado que existen demonios persistentes, cuyas raíces penetran profundamente y que son más difíciles de expulsar que otros. El demonio del rechazo es uno de estos demonios.

Los demonios se comportan como las pandillas. Operan con estrategias y acechan a aquellos que se encuentran vulnerables debido a un dolor emocional. Les atrae la debilidad y especialmente las personas que luchan contra el rechazo. Hay una variedad de demonios que conforman el reino diabólico del rechazo. Estos llegan y trastocan la realidad planeada de una persona. En lugar de operar en la verdad de Dios, la persona es atada y controlada por espíritus de falsedad. Veamos.

Inseguridad e inferioridad versus confianza

Una persona rechazada, abatida, desilusionada y anulada a menudo tendrá sentimientos negativos sobre su valor y su mérito. Muchas veces, tales individuos carecen de confianza y sufren de baja autoestima.

Acusación propia versus perdón

La acusación propia hace que la persona rechazada tenga grandes dificultades para perdonarse a sí misma y superarse. Exageran su papel en el rechazo que sufren, culpándose a menudo por el dolor que han soportado. Creen que hay algo malo en ellos, que no son lo suficientemente buenos, y que tal vez todo lo malo que les ha ocurrido ha sido por su culpa.

Depresión versus alegría

La depresión, o lo que la Biblia llama "espíritu angustiado", es lo opuesto al gozo del Señor, el cual nos fortalece. Una persona rechazada que manifiesta un espíritu deprimido y pesado, es también una persona debilitada por la autosuficiencia. El enemigo desgasta a las personas rechazadas, y debido a la carencia de relaciones saludables, tales individuos a menudo sienten que están peleando solos la batalla de la vida. Los retos de la vida los sobrepasan. No podemos vivir aislados, solos y desconfiando de todos, porque caemos en el desánimo, la desesperación, el desaliento y la desesperanza. Algunos están tan estancados en este estado, que buscan alivio en medicamentos que alteran el ánimo. Las prescripciones de antidepresivos aumentan cada año. Y cuando una depresión no es tratada, puede llevar a una persona a suicidarse. Además, la depresión puede causar insomnio y abuso de alcohol o drogas.

Perfeccionismo versus excelencia

Quienes han padecido de rechazo, tratan de ganar aprobación intentando realizar cada tarea o asignación de forma perfecta. Son impulsados por la esperanza de que si hacen las cosas lo suficientemente bien, serán aceptados y amados. Hacen todo lo que pueden en medio de su atadura para recibir el beneplácito de los demás y evitar un nuevo rechazo.

Esta búsqueda de la perfección se convierte en otra atadura que abre las puertas a los espíritus del ego, el orgullo y la vanidad. Algunas de las características de los espíritus perfeccionistas son: un comportamiento obsesivo-compulsivo; críticas a lo que hacen los demás; la manifestación de un espíritu legalista, religioso o fariseo; un comportamiento intolerante e hipócrita. Desafortunadamente, es muy complicado convivir con esta clase de personas, lo que profundiza aún más el rechazo que ya de por sí sienten en su vida.

Los padres que tienen espíritus perfeccionistas pueden ser intolerantes y controladores con sus hijos. Los esposos perfeccionistas son intolerantes con sus parejas, los pastores perfeccionistas son intolerantes con sus feligreses, y así sucesivamente. Las personas perfeccionistas son intolerantes con aquellos que no cumplen con sus estándares de perfección.

El perfeccionismo también conduce a un espíritu legalista y religioso. El perfeccionista se esconde detrás de un código de normas y, a nivel religioso, este espíritu hace de la Biblia un reglamento, conduciendo a la hipocresía y al encubrimiento, ya que los perfeccionistas no pueden admitir que han roto alguna regla.

Las personas perfeccionistas necesitan liberación, a fin de poder sentir amor, compasión y misericordia hacia los demás. No olvidemos que el perfeccionismo está arraigado en el rechazo, y la persona que busca liberación debe desprenderse de la atadura de la personalidad de rechazo y permitir que el Señor le desarrolle su verdadera personalidad.

Orgullo versus humildad

El orgullo, que incluye la vanidad y el ego, es un espíritu de compensación que ayuda a las personas a mantener una apariencia de éxito y competencia, aunque están literalmente desmoronándose ante las presiones de la vida. Estos espíritus tratan de hacer que la gente se sienta bien consigo misma. El orgullo es como un dictador, un demonio tenaz y persistente en la vida de muchos, y no es fácil de expulsar. Este grupo de demonios está personificado como el leviatán en las Escrituras. Estudiaremos a este demonio con mayor detenimiento en el capítulo 6.

Miedo versus fe

El miedo incluye el temor a cosas aparentemente insignificantes, como los perros, los gérmenes y la oscuridad. Aunque a algunos nos parezcan cosas tontas que simplemente deben superarse, se trata de miedos legítimos y a veces paralizantes para aquellos que los sufren. Hay miedos más grandes y más comunes, como el miedo al abandono, al fracaso, al dolor, a la muerte, a las figuras de autoridad, al compromiso, a la confrontación, y a no tener suficiente dinero. Hay también miedos extremos como el pánico, que discutiremos con mayor detalle en el siguiente capítulo.

Paranoia versus confianza

Ya hablamos del rey Saúl en el capítulo sobre el rechazo divino. Su vida es la paranoia personificada, y lo volveremos a mencionar en el capítulo 4, ya que él ilustra lo que es no recibir liberación del espíritu de rechazo. En la Palabra de Dios podemos identificar la primera herida profunda que recibió

Saúl, así como el momento en el que la presencia demoníaca ha madurado y se ha manifestado por completo, destruyendo su vida.

La paranoia nos hace excesiva e irracionalmente desconfiados y suspicaces con los demás. En ella no hay objetividad; es un miedo basado en la necesidad de defender el ego propio en situaciones muchas veces imaginarias. La persona afectada genera mecanismos de defensa que con frecuencia toman la forma de *megalomanía*, "una obsesión con cosas o acciones extravagantes o muy grandes".[2] Los que están obsesionados con el poder, la fama y el estatus, pueden presentar paranoia en muchos casos, creyendo que todo el mundo está detrás de su posición para arrebatársela.

Muchas veces la paranoia está presente cuando culpamos a otros, en las acusaciones sin fundamento, y en la sospecha. La paranoia se sustenta en el miedo y siempre sospecha injustificadamente de los motivos de los demás. La personalidad de rechazo siempre cuestiona y juzga las motivaciones ajenas sin ninguna razón.

Indecisión versus decisión

La indecisión produce procrastinación, transigencia, olvido e indiferencia. La indecisión es uno de los problemas más limitantes que hay, debido a que el avance en la vida está basado en las decisiones. La indiferencia ocasiona que la persona evite tomar decisiones.

La procrastinación es otra forma de evitar la toma de decisiones, aplazándolas para un momento futuro. Esta característica puede tener su raíz en el temor a tomar decisiones.

Pasividad versus proactividad

La pasividad produce apatía, letargo, tristeza crónica, llanto, derrotismo, abatimiento, desesperación, desánimo, desaliento, fatiga, melancolía, glotonería, pena, culpa, angustia, desamor, desesperanza, dolor, hiperactividad, indiferencia, insomnio, pereza, duelo, negatividad, rechazo, lástima por uno mismo, tristeza y cansancio. Muchas veces, la persona que lucha contra la pasividad se siente como deprimida, como que no avanza. Ya he señalado los peligros de la pasividad. La pasividad inmoviliza a un individuo y ocasiona que este se retire de la vida. Elimina el deseo natural de ser asertivos y alcanzar metas más altas. La gente pasiva no persevera ni va en busca de lo que necesita para triunfar en la vida. Dejan que los demás lo hagan por ellos.

Lujuria versus amor

El rechazo puede empezar muy temprano en la vida, y por ello muchos de lo que lo han sufrido se ven involucrados en relaciones sexualmente inmorales desde muy jóvenes. Estas personas buscan sinceramente el amor, pero terminan involucradas en relaciones lujuriosas. La lujuria es un sustituto demoníaco del amor verdadero. Los individuos que no controlan este aspecto en su vida pueden formar lazos enfermizos con otras personas que solo los usan y abusan de ellos. El espíritu de prostitución también puede aparecer durante la niñez y la adolescencia, y se puede observar en mujeres jóvenes que visten de forma sugerente.

Entre los espíritus que operan en este demonio están: la fornicación, el adulterio, la prostitución, la seducción, la impureza sexual, la perversión, la homosexualidad, el lesbianismo, la masturbación, la pornografía, el incesto, la fantasía, la sodomía y la inmundicia.

La lujuria no es solamente sexual, también se puede manifestar como materialismo, gratificación excesiva, adicción a la comida, (glotonería, anorexia, bulimia, dietas extremas), adicción al alcohol y las drogas, a la ropa, etcétera.

Fantasía versus realidad

La fantasía está relacionada con cualquier imagen mental, comportamiento o sistema de creencias que ocasione que la persona rechazada escape de la realidad. El grupo de demonios de la fantasía incluye la pornografía y la ensoñación excesiva, y puede manifestarse en una dedicación exagerada a ciertos pasatiempos, los cuales son usados por estas personas para escapar de la realidad.

Perversión versus pureza

Aunque hablaremos con más detalle de este demonio en el capítulo 5, me gustaría enumerar una lista de demonios que operan en este grupo maligno: homosexualidad, lesbianismo, fetichismo, acoso sexual y cualquier otra actividad sexual que no se ajuste al diseño de Dios.

La perversión, junto con el rechazo propio, llevará a la persona a rechazar su propia identidad sexual. La lujuria y la perversión son dos de los espíritus más fuertes que operan en la personalidad de rechazo.

Injusticia versus misericordia

La lucha a favor de causas o derechos ambientales, por los animales, por los derechos de los homosexuales o de cualquier otro tipo, se convierte en la fuerza motora de algunas personas rechazadas debido a que ellas mismas están en una búsqueda constante de justicia; una justicia que ellos nunca recibieron. Por la forma en que fueron tratadas, sienten que les tocó la peor parte, y que la vida y la gente son injustas. Aunque en la superficie el deseo de librar al mundo de la injusticia parece noble, en el fondo se trata de una falsa manifestación de compasión y una falsa responsabilidad. La amargura, la rabia, la rebelión y el resentimiento son los reductos opuestos a la injusticia y el rechazo, pero estos espíritus también ocasionan que estas personas se tornen violentas con quienes opinan diferente a ellas. En comparación con el don bíblico de la misericordia, la verdadera compasión abarca a todos los que sufren; no solo a los que creen en lo mismo que nosotros.

Culpa versus gracia

El Salmo 44:15 dice: "Cada día mi vergüenza está delante de mí, y la confusión de mi rostro me cubre". La culpa, que opera en concierto con la vergüenza y la confusión, es un grupo de demonios que incluye la condenación, la falta de méritos y la vergüenza. Esta última produce una fuerte sensación de culpa, bochorno, indignidad o deshonra.

Sensibilidad versus paciencia

Las personas que son muy sensibles se ofenden con facilidad, y resulta fácil que las palabras y acciones de otros las lastimen. Debido al rechazo, son muy susceptibles a cómo la gente las ve y tienen miedo de ser negativos.

Amor excesivo por los animales versus aprecio natural por la creación de Dios

La gente ama a sus mascotas. Las alimenta, juegan con ellas y las lleva al veterinario. Pero algunos individuos que han sido oprimidos bajo el rechazo comienzan a sentir un afecto mayor de lo normal por sus mascotas. Algunos hemos escuchado chistes sobre la señora loca de los gatos, pero esto es un asunto serio. Amar y cuidar a nuestras mascotas no tiene nada de malo, siempre y cuando estas no reemplacen o superen a las relaciones humanas.

MANIFESTACIONES DEMONÍACAS DEL RECHAZO

¿CUÁLES SON LAS SEÑALES Y LOS SÍNTOMAS DEL ESPÍRITU DE RECHAZO?

El ánimo dual comienza con el rechazo y abre la puerta a una personalidad inestable. He aquí algunas señales y síntomas de una persona que pudiera tener un espíritu de rechazo:

- Adicción
- Aislamiento
- Amor desproporcionado hacia los animales
- Autorechazo
- Búsqueda de atención
- Culpa
- Desaliento
- Desánimo
- Deseo constante de amor físico y de aprobación del valor propio
- Desesperanza
- Envidia
- Fantasías

- Frustración
- Impaciencia
- Indignidad
- Inferioridad
- Lujuria

- Miedos
- Perversidad
- Orgullo
- Sensibilidad
- Soledad
- Suicidio
- Vanidad
- Venganza
- Vergüenza[3]

Acab: una ilustración del rechazo

Cuando estudiamos las vidas de Acab y Jezabel, no solo encontramos a Acab personificando el espíritu del rechazo, sino que nos damos cuenta de la manera en que el rechazo y la rebelión operan en medio de una personalidad de ánimo dual. Tanto Acab como Jezabel vivieron vidas afincadas en las cosas que Dios aborrece. Acab, séptimo rey de Israel, "hizo lo malo ante los ojos de Jehová, más que todos los que reinaron antes de él" (1 Reyes 16:30). El promovió y participó en la adoración de Baal y Astaroth, fue permisivo sexualmente, dando rienda suelta a la homosexualidad, bestialidad y toda perversión oprobiosa, así como a la prostitución en el mismo templo de Dios. Hombres y mujeres se ofrecían para servir en prostitución.

Acab también se caracterizó por su ánimo dual. A menudo se le veía debatiéndose entre la rectitud y el comportamiento impío de su esposa Jezabel, que era hija de un rey pagano. Ella lo conminó a incorporar a sus dioses y prácticas religiosas extranjeras en la cultura de Israel. (Ver 1 Reyes 16:31). Esta es una de las razones por las que Dios ordenó no tomar esposas de entre los pueblos conquistados. Ellos no tenían pacto con Dios y no podrían entender cómo Dios actuaba con ellos.

La influencia de Jezabel provocó que Acab se olvidara de Dios. En 1 Reyes 14:23 se nos dice que el pueblo fabricó todo tipo de imágenes y lugares de adoración para los dioses extranjeros en los collados y bajo los árboles. Acab y Jezabel continuaron con estas prácticas. Hay un simbolismo que quiero señalar, y que demuestra que él no solo estaba controlado por su esposa pagana, sino también por el espíritu de rechazo.

La *Concordancia Strong* vincula la palabra *collados*, tal como se usa en 1 Reyes 14:23, con Astaroth y la adoración en templos idólatras. Estos "servicios" eran realizados al aire libre en los collados cerca del templo, donde se exhibían y adoraban grandes esculturas de órganos sexuales masculinos y femeninos.[4] Esto es lujuria y perversión, dos espíritus demoníacos que forman parte de la personalidad de rechazo, y a los que Acab les dio entrada por su relación con estas influencias, debido a su propia opresión. Jezabel hizo su parte, pero la puerta fue abierta a través del rechazo.

La dinámica entre Acab y Jezabel nos brinda una visión de cómo funciona el ánimo dual. Acab representa la manifestación interna del ánimo dual (el rechazo). Él era cobarde, estaba lleno de lujuria e inseguridad, y sentía lástima por sí mismo. Era envidioso, provocador, y estaba colmado de culpa y vergüenza. Jezabel es la manifestación externa del ánimo dual (rebelión). Ella era terca, pertinaz, egoísta, confrontadora, controladora, posesiva, y estaba llena de odio, resentimiento, y amargura. Además, practicaba la hechicería y la idolatría. También tenía un espíritu asesino. Nada podía evitar que obtuviera lo que quería.

En 1 Reyes 21:4-7 se nos revela cómo esta pareja; él, el rasgo interno; y ella, el externo; se enlazaban para formar una unión en la que dominaba el ánimo dual para ejecutar las cosas más retorcidas:

"Y vino Acab a su casa triste y enojado, por la palabra que Naboth de Jezreel le había respondido, diciendo: No te daré la heredad de mis padres. Y se acostó en su cama, y volvió su rostro, y no comió. Vino a él su mujer Jezabel, y le dijo: ¿Por qué está tan decaído tu espíritu, y no comes? El respondió: Porque hablé con Naboth de Jezreel, y le dije que me diera su viña por dinero, o que si más quería, le daría otra viña por ella; y él respondió: Yo no te daré mi viña. Y su mujer Jezabel le dijo: ¿Eres tú ahora rey sobre Israel? Levántate, y come y alégrate; yo te daré la viña de Naboth de Jezreel".

Acab se enojaba (en rechazo), y Jezabel se levantaba para tomar represalias (en rebelión). Juntos ejecutaban planes malvados en Israel, llevando al país a una condición de atadura, que fue rechazado por Dios y dejado en ruinas. Esto es lo que las personalidades del rechazo y la rebelión logran cuando trabajan juntas dentro del espíritu del ánimo dual. No se les debe permitir conectarse; para desarmarlas, deben separarse y luego expulsarse de la persona afectada con ánimo dual.

Dios liberó a Israel del gobierno diabólico de Acab y Jezabel. Desconectó la asociación que existía entre ellos. Se necesitaban y tomaban fuerzas el uno del otro. Jezabel no habría podido hacer lo que hacía sin Acab. El espíritu de Jezabel entró en Israel por medio de su matrimonio, y ella trajo consigo la adoración a Baal. Acab también usaba la manipulación y el control de Jezabel para hacer sus trabajos sucios. Trabajaban juntos, tal y como Ida Mae Hammond lo vio en su revelación sobre el rechazo y la rebelión. Ella vio la atadura del ánimo dual como dos manos apretadas con los dedos entrelazados. Estas manos y dedos deben ser separados para destruir este reducto.[5]

El espíritu de Jezabel es dominante, manipulador y seductor. Intimida, amenaza, miente, y hace lo que sea para lograr su cometido. Vimos cómo Jezabel hizo matar a Naboth para que su marido pudiera poseer su viña. También mató a los profetas de Dios, y amenazó con matar a Elías. El espíritu de Jezabel es vengativo y rencoroso, malvado y retorcido. No hay paz mientras este espíritu esté activo:

> "Cuando vio Joram a Jehú, dijo: ¿Hay paz, Jehú? Y él respondió: ¿Qué paz, con las fornicaciones de Jezabel tu madre, y sus muchas hechicerías?"
>
> —2 REYES 9:22

La rebelión es un tipo de personalidad malvada que debemos abandonar y expulsar. Permaneceremos atados a ella hasta que veamos cuan malvada es. El espíritu de Acab es lujurioso, débil, cobarde, y tolera la maldad. El rey Acab permitió que Jezabel trajera la adoración de Baal. Su espíritu es pasivo y no se levantará para hacer lo que es correcto. Esta personalidad interna también es malvada y se le debe abandonar y expulsar. Dios aborrece tanto el rechazo como la rebelión.

"Y Acab dijo a Elías: ¿Me has hallado, enemigo mío? El respondió: Te he encontrado, porque te has vendido a hacer lo malo delante de Jehová. He aquí yo traigo mal sobre ti, y barreré tu posteridad y destruiré hasta el último varón de la casa de Acab, tanto el siervo como el libre en Israel. Y pondré tu casa como la casa de Jeroboam hijo de Nabat, y como la casa de Baasa hijo de Ahías, por la rebelión con que me provocaste a ira, y con qué has hecho pecar a Israel".

—1 Reyes 21:20–22

Dios juzgó a la casa de Acab por su maldad. Acab era idólatra, transigente, lujurioso, codicioso y débil. Era un hombre rechazado conectado a una mujer rebelde.

Jezabel era despiadada, homicida, traicionera, idólatra, seductora, controladora, intimidante y malvada. Y también fue juzgada por Dios debido a su maldad. Murió devorada por los perros (ver 2 Reyes 9).

En su libro *Spiritual Warfare* [Guerra Espiritual], Richard Ing los sintetiza a los dos magistralmente. Nos dice:

Los hombres como Acab son condescendientes de ánimo dual. En 1 Reyes 20, el poderoso ejército sirio vino dos veces contra Israel. En ambas ocasiones, un profeta de Dios le dijo a Acab que Dios le iba a conceder un poderoso milagro y que derrotaría a los sirios. Todo ocurrió como Dios había dicho. Acab nunca volvió a Dios para adorarlo. Sin embargo, sí consultó a los profetas cuando necesitó ayuda (1 R. 22:6). Dudaba y vacilaba: era todo un ejemplo de ánimo dual. Los hombres como Acab van a la iglesia si es políticamente correcto o por su beneficio personal, no por amor a Dios. Son testigos de los milagros de Dios y, aun así, se niegan a entregarse al Señor.

Jezabel es una hechicera por definición y por acción. La hechicería es la manipulación y el control de los demás por medios demoníacos. Ella busca controlar las mentes de los demás a través de mentiras, quejas, amenazas, posición, vergüenza, lástima, y todo lo que esté a su alcance.[6]

Si a medida que usted ha ido orando y leyendo este capítulo, ha descubierto que posee características como las de Acab, pídale al Señor que le revele cualquier alianza con espíritus del tipio de Jezabel. Estos son lazos impíos que debemos romper para poder liberarnos del espíritu de Acab. El hecho de pedir oración y liberación no debe avergonzarnos. De hecho, el enemigo quiere que no admitamos la opresión espiritual que el Señor nos está revelando. Hoy le animo a que sea valiente e implacable para destruir la influencia de este espíritu.

EL RECHAZO Y LA MENTE CRIMINAL

Las personas que han purgado condena por actividades criminales (especialmente por crímenes violentos) necesitan liberación después de ser excarcelados. Muchas iglesias no están preparadas para ministrar a exdelincuentes, porque hay una carencia en la enseñanza y la preparación en liberaciones. También hay una falta de revelación en el tema del ánimo dual. Yo he publicado en mi página de Internet información sobre el ánimo dual. Allí incluyo mi revelación sobre las necesidades de liberación para lo que he llamado "esquizofrenia criminal" o "ánimo dual criminal". Las personas con historial de criminalidad, normalmente necesitan ser liberados del ánimo dual. La personalidad de rebelión relacionada con el ánimo dual incluye los espíritus de la amargura, la violencia, el homicidio, la retaliación, la ilegalidad, y la resistencia a someterse. Estos espíritus también están conectados con el rechazo.

Los exdelincuentes experimentan una forma exacerbada de rechazo ocasionada por el rechazo social. Los criminales condenados tienen dificultades para adaptarse a la vida en libertad. También, debido al ánimo dual, tienen dificultades para mantenerse fieles a Cristo, por lo que con frecuencia recaen en actividades delictivas. Necesitan la aceptación y el amor de una comunidad eclesiástica que entienda la liberación y la personalidad del ánimo dual. Una comunidad de creyentes así, puede ayudar a este individuo a mantenerse en libertad, y a no volver jamás a la vida criminal. ¿Puede imaginarse el efecto que una iglesia profética, llena del Espíritu y creyente de la Palabra puede tener en la tasa de delincuentes reincidentes? El ministerio de prisiones es un ministerio de liberación.

El rechazo y la atrofia del desarrollo

A veces, las personas que han sido rechazadas, especialmente desde temprana edad, se estancan mental y emocionalmente cuando tienen la primera experiencia importante de rechazo. Muchas veces permanecen inmaduros en su comprensión de la vida, en su manera de procesar las emociones, y en su trato hacia los demás, comportándose de manera egoísta y egocentrista. Pareciera que el tiempo no pasara para ellos. A esto se le conoce como atrofia del desarrollo, y se genera en un área específica de la mente, la cual retrocede a un punto intermedio entre el nacimiento y los trece años. Por cada año de retroceso, se manifiesta un espíritu diferente. Hay un demonio distinto asignado a cada edad, y cada uno de ellos tiene una tarea diferente.

Como opera en reversa, el objetivo principal de este espíritu es retrasar el crecimiento espiritual y físico. Intenta llevar a la persona al útero, hasta que la ahoga y muere. Muchos de los que experimentan ahogos al dormir pudieran estar luchando con este espíritu. Aunque su trabajo no ha sido completado, la atrofia del desarrollo abre la puerta a los espíritus del terror nocturno, las pesadillas (controladas por un demonio de tipo íncubo) y el miedo a la oscuridad.

El espíritu de atrofia del desarrollo busca avergonzar a su víctima en todo momento, manifestando las personalidades de cada edad, y convirtiendo las palabras y consejos inmaduros de esta persona en sus realidades aceptadas, lo cual le ocasiona dudas sobre su propia capacidad para tomar decisiones maduras.

Este espíritu también trabaja con el espíritu del ánimo dual y con los espíritus de la homosexualidad y el lesbianismo. Este demonio puede tratar de diseñar planes para la vida de un individuo programando episodios de violación e incesto, y permitiendo a los espíritus de la homosexualidad, el dolor, el miedo, el ánimo dual, la incapacidad de dar o recibir amor, el aislamiento y el odio hacia los hombres y las mujeres, que entren en su vida.

Muchos de los que están atados por este espíritu terminan tratando de escapar de las dificultades de la vida por medio de las drogas o el alcohol. Este espíritu trabaja fuertemente con los espíritus de Acab, Jezabel y el espíritu de prostitución para mantener a la persona deprimida, forzándola a retroceder a momentos más felices de la niñez, mientras intenta evitar que se desarrolle mentalmente.

En 1 Corintios 13:11, se dice: "Cuando yo era niño, hablaba como niño, pensaba como niño, juzgaba como niño; mas cuando ya fui hombre, dejé lo que era de niño".

Hay tres estados en los cuales el espíritu de atrofia del desarrollo trata de mantener a la persona:

1. Hablando como niño
2. Comprendiendo como niño
3. Pensando como niño

La Palabra de Dios nos habla del poder de la palabra hablada: "La muerte y la vida están en poder de la lengua" (Pr. 18:21). En su carta a los corintios, Pablo hace una distinción entre las cosas que hablan los niños y las que hablan los adultos. Como santos maduros, debemos hablar con la sabiduría (cosas maduras) de la Palabra. En Hebreos 5:12–14 vemos que nuestra comprensión debe madurar.

Si no se le combate, el espíritu de atrofia del desarrollo impedirá que la persona madure, y se comporte como niño. Los adultos que todavía juegan con juguetes y coleccionan muñecas manifiestan características de niños. Esto puede ser el espíritu de atrofia del desarrollo manifestándose a través de la fantasía y el escape de la realidad, otros espíritus que emergen producto del rechazo.

Por medio de la atrofia del desarrollo y las demás manifestaciones demoníacas expuestas en este capítulo, tenemos una visión más clara de cómo el espíritu de rechazo aflige el alma, dejando a la persona destrozada. Cuando un individuo está controlado por este espíritu, es incapaz de ser quien es: el ser que Dios creó para mostrar su gloria. No hay llamado, propósito, o destino que pueda ser mantenido cuando una persona es controlada por este demonio.

CAPÍTULO 4
MIEDO Y PARANOIA

"Temor y temblor vinieron sobre mí, y terror me ha cubierto".
—SALMO 55:5

EL MIEDO ALGUNAS veces se manifiesta en la vida diaria a modo de procrastinación e indecisión. Aunque muchos no tienen problemas en admitir abiertamente que tienen problemas de indecisión y de dejar las cosas para después, tal vez no están conscientes de que estas características están conectadas directamente con el miedo al rechazo, el miedo al futuro, el miedo al fracaso y el miedo a tomar decisiones, ya sean positivas o negativas.

El miedo es un espíritu paralizante que mantiene a la persona atada en muchos aspectos de su vida, y se manifiesta de varias formas: miedo al rechazo (trabajando con el rechazo y el rechazo propio), miedo al abandono, miedo al dolor, miedo a la autoridad (pastores incluidos), miedo a la hechicería, miedo a la carrera profesional o al trabajo, miedo a la muerte, miedo al fracaso, miedo al futuro, miedo a la responsabilidad, miedo a la oscuridad, miedo a estar solo, miedo a lo que la gente diga o piense de ellos, miedo al infierno, miedo a los demonios y a la liberación, miedo a la pobreza, miedo a los gérmenes, miedo al matrimonio, miedo a los perros, miedo a los accidentes, miedo al hombre, miedo a Jezabel y miedo a la confrontación, entre otros.

Las fobias son miedos extremos que congelan a una persona y le impiden actuar. El pánico, los ataques de pánico, los terrores, los sustos repentinos, las corazonadas, y otros, son expresiones de ellas. La locuacidad, el nerviosismo, la preocupación, la ansiedad y la tensión pueden ser también manifestaciones del grupo de demonios del miedo.

EL MIEDO PUEDE CONDUCIR A LA PARANOIA

La paranoia es un grupo de demonios que fundamentan su obra destructora en el miedo, y es una de las manifestaciones más fuertes de la personalidad de rechazo. La paranoia inculpa a los demás y sospecha de ellos sin razón, ocasionando que una persona cuestione las motivaciones ajenas y las juzgue sin ningún basamento. La paranoia está arraigada en el miedo y el rechazo.

El rey Saúl se nos presenta como un caso clásico de paranoia, debido a su desconfianza de todo aquel que lo rodeaba, especialmente de David. En 1 Samuel 22:8 los acusa de conspirar para quitarle el reino: "Para que todos vosotros hayáis conspirado contra mí, y no haya quien me descubra al oído cómo mi hijo ha hecho alianza con el hijo de Isaí, ni alguno de vosotros que se duela de mí y me descubra cómo mi hijo ha levantado a mi siervo contra mí para que me aceche, tal como lo hace hoy". Saúl manifiesta la misma actitud de enojo y de querer dar lástima que vimos en el rey Acab, cuando dice que nadie se conduele de él.

Seguramente aquellos que lo escucharon hablar se quedaron perplejos. Y es que cuando alguien es objeto de las sospechas de una persona de ánimo dual, se sorprende de que sus motivos sean juzgados sin razón. La sospecha nace en la imaginación de una persona y no se basa en la realidad, como en el caso de Saúl.

"Aconteció que cuando volvían ellos, cuando David volvió de matar al filisteo, salieron las mujeres de todas las ciudades de Israel cantando y danzando, para recibir al rey Saúl, con panderos, con cánticos de alegría y con instrumentos de música. Y cantaban las mujeres que danzaban, y decían: Saúl hirió a sus miles, y David a sus diez miles. Y se enojó Saúl en gran manera, y le desagradó este dicho, y dijo: A David dieron diez miles, y a mí miles; no le falta más que el reino. Y desde aquel día Saúl no miró con buenos ojos a David".

—1 SAMUEL 18:6–9

David no hizo nada para merecer las sospechas de Saúl. Él le había sido fiel. Como todos los líderes de ánimo dual, Saúl necesitaba liberación. Los líderes con ánimo dual que desconfían de quienes los rodean, usan y abusan de su poder y autoridad para destruir a los sospechosos. Con el paso del tiempo, Saúl intentó matar a David.

¿Ha estado usted cerca de alguien que sospeche de todos los que lo rodean? Tales individuos piensan que todos están detrás de ellos para dañarlos y no confían en nadie, todo lo cual pueden ser indicios de inestabilidad y ánimo dual.

El miedo de Saúl lo llevó finalmente a la desobediencia, al rechazo de Dios, y a su remoción como rey de Israel:

"Y Samuel dijo: ¿Se complace Jehová tanto en los holocaustos y víctimas, como en que se obedezca a las palabras de Jehová? Ciertamente el obedecer es mejor que los sacrificios, y el prestar atención que la grosura de los carneros. Porque como pecado de adivinación es la rebelión, y como ídolos e idolatría la obstinación. Por cuanto tú desechaste la palabra de Jehová, él también te ha desechado para que no seas rey. Entonces Saúl dijo a Samuel: Yo he pecado; pues he quebrantado el mandamiento de Jehová y tus palabras, porque temí al pueblo y consentí a la voz de ellos. Perdona, pues, ahora mi pecado, y vuelve conmigo para que adore a Jehová. Y Samuel respondió a Saúl: No volveré contigo; porque desechaste la palabra de Jehová, y Jehová te ha desechado para que no seas rey sobre Israel".

—1 SAMUEL 15:22–26

OTRAS REFERENCIAS BÍBLICAS RELACIONADAS CON EL ESPÍRITU DE MIEDO

El miedo es una emoción desagradable y a menudo muy fuerte, causada por la expectativa o conocimiento de peligro, temor, terror, o alarma en presencia de otros. Es una de las armas más poderosas de Satanás en contra del creyente. Es lo opuesto a la fe, y fe es lo que necesitamos para agradar a Dios.

Las personas criadas en un ambiente carente de amor (en medio de conflictos familiares, de violencia doméstica, etc.) normalmente albergan diversos espíritus de miedo. Algunas citas bíblicas relacionadas con el miedo, son:[1]

- Apolión (Ap. 9:11): Espíritu principal del miedo, la muerte y la destrucción
- Espíritus de escorpiones que causan tormento (Ap. 9:1–11)
- Emitas (Dt. 2:10–11): Raza de guerreros gigantes. La palabra en hebreo significa "los terribles"[2]
- Miedo a la muerte (Sal. 55:4)
- Hititas: Una de las tribus que habitaron la tierra de Canaán, que serían expulsados por los israelitas. *Hitita* significa "romper en pedazos, desgarrar, desaliento, terror y miedo"[3]

- Refaítas (Gn. 15:20): Los gigantes; los que inspiran oscuridad, terror, miedo; los fuertes
- Espíritu de atadura o esclavitud (Ro. 8:15): Produce miedo, lo que puede resultar en reincidencia o recaída, pérdida de la salvación, etcétera
- Miedo o pavor repentino (Pr. 3:25)

FOBIAS Y MIEDO INTENSO

Una fobia es un "miedo intenso a ciertas situaciones, actividades, cosas, animales o personas".[4] Usualmente se desencadenan en la adolescencia, alrededor de los trece años, la mayoría de las veces como resultado de un trauma emocional o físico. "Las fobias son el tipo más común de trastorno emocional en Estados Unidos. Son un tipo de trastorno de ansiedad, que es el trastorno mental más común".[5] Las fobias son temores exagerados y paralizantes que impiden que la persona lleve una vida normal. Las fobias no deben ser aceptadas como una forma de vida. Cualquier cosa que nos impida disfrutar de una vida buena y consagrada debe ser solucionada. La liberación, el ministerio de oración, y la consejería pueden ayudar a una persona a retomar el control en algún aspecto de su vida que haya sido devastado por un miedo intenso y paralizante.

A continuación, presento una lista que puede ayudarle a identificar los miedos que le atormentan. Es necesario usar sus nombres correctos cuando renunciemos al poder que tienen sobre nuestra vida. Si la fobia que lo aqueja no aparece en esta lista, consulte una lista más completa en www.phobiasource.com /phobia-list [en inglés]. Si usted piensa que no es lo suficientemente fuerte para enfrentar por su cuenta a estos demonios del miedo, solicite la ayuda de un ministro maduro que le auxilie en la destrucción del espíritu del miedo y el pánico.

"Porque no nos ha dado Dios espíritu de cobardía, sino de poder, de amor y de dominio propio".

—2 Timoteo 1:7

- Acrofobia—miedo a las alturas
- Agliofobia—miedo al dolor
- Agrizoofobia—miedo a los animales salvajes
- Antropofobia—miedo a la gente o a la sociedad
- Acuafobia—miedo al agua
- Aracnofobia—miedo a las arañas
- Ataxofobia—miedo al desorden o falta de arreglo
- Atiquifobia—miedo al fracaso
- Autofobia—miedo a estar solo
- Aviofobia—miedo a volar
- Cenofobia—miedo a cosas o ideas nuevas
- Quiraptofobia—miedo a ser tocado
- Claustrofobia—miedo a los espacios cerrados
- Cinofobia—miedo a los perros o al mal de rabia
- Decidofobia—miedo a decidir
- Demonofobia—miedo a los demonios
- Dentofobia—miedo a los dentistas
- Distiquifobia—miedo a los accidentes
- Eclesiofobia—miedo a las iglesias
- Elurofobia—miedo a los gatos
- Entomofobia—miedo a los insectos
- Glosofobia—miedo a hablar en público o a tratar de hablar
- Hadefobia—miedo al infierno
- Hamartofobia—miedo a pecar
- Hexakosioihexekontahexafobia—miedo al número 666
- Misofobia—miedo a la contaminación por gérmenes o suciedad
- Noctifobia—miedo a la noche

- Nosocomefobia—miedo a los hospitales
- Obesofobia—miedo a ganar peso
- Panofobia—miedo a todo
- Peniafobia—miedo a la pobreza
- Farmacofobia—miedo a tomar medicamentos
- Filofobia—miedo a amar o a enamorarse
- Somnifobia—miedo a dormir
- Tocofobia—miedo al embarazo o al parto
- Tropofobia—miedo a hacer cambios
- Xenofobia—miedo a los extraños o a los extranjeros[6]

El miedo, la paranoia, la intimidación y las fobias están entre los problemas que más debilitan el corazón humano. El miedo puede causar aislamiento y ataques de pánico que pueden llevar a la violencia. El miedo impide vivir al máximo potencial y experimentar el éxito. La gente que vive con miedo, preocupación y ansiedad, también vive con arrepentimiento, deseando tener el valor para hacer las cosas que Dios desea que hagan. El miedo puede impedirle a alguien creer en Dios y encontrar liberación y restauración. Cuando Jesús curaba a los enfermos, les decía que era su fe la que los había sanado (Mr. 5:34). La gente temerosa vive en constante duda y falta de fe. La Biblia dice que lo que no viene de la fe es pecado (Ro. 14:23). Así que, definitivamente, debemos romper el poder del miedo sobre nuestras vidas para poder caminar en la fe y experimentar el éxito en Dios.

CAPÍTULO 5

EL REINO DE LA PERVERSIÓN

*"Abominación son a Jehová los perversos de corazón; mas
los perfectos de camino le son agradables".*

—PROVERBIOS 11:20

N HEBREOS 4:12–13, la Biblia dice: "Porque la palabra de
Dios es viva y eficaz, y más cortante que toda espada de
dos filos; y penetra hasta partir el alma y el espíritu, las
coyunturas y los tuétanos, y discierne los pensamientos y las
intenciones del corazón. Y no hay cosa creada que no sea
manifiesta en su presencia; antes bien todas las cosas están
desnudas y abiertas a los ojos de aquel a quien tenemos que
dar cuenta".

Note que este versículo dice que la Palabra de Dios es capaz
de discernir "los pensamientos y las intenciones del corazón".
Básicamente, lo que esto quiere decir es que cuanto más conocemos la Palabra de Dios, más discernimiento tenemos. Cuando
fluimos en el discernimiento, el enemigo no tiene dónde esconderse. El discernimiento tiene tres ámbitos: 1) Por impartición
del don de discernimiento de espíritus del Espíritu Santo, 2)
discernimiento desarrollado por medio de la experiencia espiritual, 3) y discernimiento a través de la Palabra de Dios.

Leamos otra vez Hebreos 4:13: "Y no hay cosa creada que
no sea manifiesta en su presencia; antes bien todas las cosas

están desnudas y abiertas a los ojos de aquel a quien tenemos que dar cuenta". ¿Ante cuáles ojos? Los de la Palabra de Dios. Jesús es la Palabra de Dios hecha carne (Jn. 1:1–4). Nada puede esconderse de la Palabra. Ninguna criatura puede esconderse de la Palabra. "Antes bien todas las cosas están desnudas y abiertas a los ojos de aquel a quien tenemos que dar cuenta". La palabra es capaz de manifestar, exponer, desnudar y revelar ante nuestros ojos a las criaturas que traten de esconderse.

Cuando tratamos con demonios, estamos tratando con criaturas. Los demonios son seres creados por Dios, que anteriormente habitaban en el cielo con el Señor, pero que ahora son ángeles caídos que se rebelaron en contra de Él. La criatura no es mayor que su Creador, y el reino de Satanás está constituido por criaturas. Satanás no es Dios. Quiere serlo, pero no lo es.

Note que toda criatura es expuesta por medio de la Palabra de Dios, incluyendo los demonios y los diablos. Y eso es lo que estamos haciendo en este libro, exponiendo el espíritu de rechazo haciendo uso de la Palabra de Dios. Este espíritu ya no permanecerá oculto en su vida: será revelado ante los ojos de Dios, expuesto y destruido. El Espíritu de Dios le puede mostrar cómo y en qué parte de su vida trabaja este espíritu.

En este capítulo dejaremos al descubierto otro reducto que opera dentro del espíritu de rechazo: la perversión. Derribar las fortalezas que han atado cadenas demoníacas en nuestra vida es el secreto para liberarnos del agresivo demonio del rechazo.

En la introducción y el capítulo 1 de este libro, dijimos que la gente se enfrenta al rechazo a través del trauma y el abuso. Como resultado de un rechazo que entra en la vida de una persona por medio del abuso sexual, el acoso sexual, el incesto o la violación (especialmente si estos hechos ocurren en la niñez), dicha persona puede abrirse al espíritu de perversión. La Biblia dice en Hebreos 12:15–17:

"Mirad bien, no sea que alguno deje de alcanzar la gracia de Dios; que brotando alguna raíz de amargura, os estorbe, y por ella muchos sean contaminados; no sea que haya algún fornicario, o profano, como Esaú, que por una sola comida vendió su primogenitura. Porque ya sabéis que aun después, deseando heredar la bendición, fue desechado, y no hubo oportunidad para el arrepentimiento, aunque la procuró con lágrimas".

Fíjese que uno de los problemas medulares que tienen algunos, generalmente como resultado del dolor del trauma que han experimentado, es lo que se conoce como raíz de la amargura. Cuando esta raíz se encuentra en nuestros corazones, nos puede conducir directamente a la inmoralidad sexual. Cuando existen problemas sin resolver, como ira, rechazo, indisposición a perdonar, resentimiento, etcétera, el diablo intenta arrastrarnos al pecado sexual. A menudo lo hace logrando que el rechazo entre en nuestra vida a muy temprana edad.

Algunos podrán decir: "A mí no me importa lo que los demás digan de mí". Sí, a usted sí le importa. El rechazo duele. Todos queremos ser amados y aceptados, y deberíamos serlo. El dolor del rechazo puede ser tan incontenible, que hallar una manera de ocultarlo o escapar de él puede ser lo único que nuestra alma y espíritu desea. El rechazo causa un deseo insaciable de ser amados y aceptados, y al mismo tiempo mantiene el temor de que no somos dignos de ser amados y de que jamás seremos aceptados (es posible ver que, aun en medio del rechazo, una persona puede presentar un nivel de ánimo dual que solo puede provenir del ámbito demoníaco. Dios no es el autor de la confusión [1 Co. 14:33]). La personalidad rechazada muchas veces busca amor y atención a través de conexiones impías que incluyen comportamiento pervertido y pecado sexual.

En el capítulo 3 mencioné que la perversión no viene sola, sino acompañada de un grupo de demonios que incluyen la homosexualidad, el lesbianismo, el fetichismo, el acoso sexual, y otras impurezas sexuales como la masturbación, la pornografía, las fantasías, el incesto, la pedofilia, la sodomía, el adulterio, la fornicación, la prostitución, y la seducción. Yo llamo a este grupo demoníaco el reino de la perversión.

En algunos casos, cuando la gente viene en busca de liberación, no solo están tratando con demonios, sino con reinos que Satanás ha instalado en sus vidas. La principal motivación de un reino es congregarse alrededor de un rey para establecer su gobierno en un territorio. Los reinos demoníacos se establecen en el ámbito espiritual de forma similar a los reinos terrenales: con un rey, cuyo ejército tiene generales, capitanes, tenientes, y otros rangos. En el ámbito espiritual no lidiamos con un demonio pequeño y aislado. La evidencia la encontramos cuando tratamos de desmantelar el espíritu de rechazo y vemos que el reino de la perversión ha tratado de instalar un campamento en la vida de la persona. Observemos detenidamente el modo en que opera este reino.

La perversión es un asunto del corazón

"Pues habiendo conocido a Dios, no le glorificaron como a Dios, ni le dieron gracias, sino que se envanecieron en sus razonamientos, y su necio corazón fue entenebrecido. Profesando ser sabios, se hicieron necios, y cambiaron la gloria del Dios incorruptible en semejanza de imagen de hombre corruptible, de aves, de cuadrúpedos y de reptiles. Por lo cual también Dios los entregó a la inmundicia, en las concupiscencias de sus corazones, de modo que deshonraron entre sí sus propios cuerpos, ya que cambiaron la verdad de Dios por la mentira, honrando y dando culto a las criaturas antes que al Creador, el cual es bendito por los siglos. Amén".

—ROMANOS 1:21-25

Observe que en el versículo 21, Dios se enfoca en el corazón. El espíritu de perversión es un problema del corazón. Muchos predican hoy que ciertos estilos de vida, como los que aparecen en Romanos 1, son comportamientos naturales, algo que no se puede cambiar. Se dijo durante un tiempo que existía un gen que estaba relacionado con la homosexualidad, y que predisponía a las personas a ser homosexuales o transgénero. Y hay quien enseña que si una persona es homosexual, o tiene una inclinación hacia ese estilo de vida, no hay caso en querer cambiar, porque esa persona es así y punto. Hay homosexuales que han tratado de cambiar y no han podido abandonar su estilo de vida.

La homosexualidad es un demonio terco y es difícil liberarse de él. Con frecuencia, tanto hombres como mujeres piensan que si se casan con personas del sexo opuesto su problema con la homosexualidad desaparecerá, pero trasladan ese problema al matrimonio. Pueden ser fieles a un compañero durante un tiempo, pero se vuelven a comprometer en relaciones homosexuales que con el paso del tiempo terminan destruyendo su unión matrimonial.

Lo mismo se puede decir del adulterio y la fornicación. Todos estos comportamientos están dentro del reino de la perversión. Ninguno es más limpio que el otro; todos son abominaciones a Dios, y todos tienen los mismos problemas que residen en el corazón.

Fornicación

El término *fornicación*, del griego *porneia*, que es también de donde proviene la palabra *pornografía*, se define como:

"Relación sexual ilícita; adulterio, fornicación, homosexualidad, lesbianismo, sexo con animales, etcétera; relaciones sexuales con familiares cercanos (Lv. 18) y relaciones sexuales con hombres o mujeres divorciados (Mr. 10:11, 12)".[1] *Fornicación* es un término general para el pecado sexual. Cuando la Biblia dice que hay que evitar la fornicación, se refiere al pecado sexual de todos los tipos: lujuria, adulterio, homosexualidad, lesbianismo, bisexualidad, pedofilia, etcétera.

La fornicación es un estado del corazón. Si tratamos de cambiar un estilo de vida sexual impío sin tratar de cambiar nuestro corazón, estamos condenados a fracasar. Estas cosas no provienen de afuera, sino de adentro; las cosas que hacemos con nuestro cuerpo no vienen de nuestro cuerpo, sino de nuestro corazón.

Si usted está luchando con un pecado sexual, sepa que hay algo dentro de usted que necesita ser tratado. Todos los pecados se originan en el corazón, así que si estamos luchando con la homosexualidad, el lesbianismo, el adulterio, la pornografía, o cualquier otro tipo de pecado sexual, si hemos tratado de arrepentirnos, si hemos buscado liberación, si nos hemos levantado en contra de los poderes de la oscuridad y hemos declarado: "No voy a volver a hacer esto", pero no hemos tratado con nuestro corazón, jamás obtendremos una victoria al respecto. Dios tiene que trabajar en el corazón.

Con frecuencia, cuando el Espíritu Santo examina el corazón, halla más que solo fornicación. También encuentra amargura, envidia, miedo, celos y rechazo. Estas son cosas del corazón que nos hacen involucrarnos en el pecado sexual. Por eso es tan importante que cada creyente haga estas tres cosas:

1. Reciba el regalo de la salvación
2. Sea lleno con el Espíritu Santo
3. Reciba liberación

Debemos permitir que Dios limpie nuestro corazón. Debemos estar seguros de que estamos sirviendo a Dios con un corazón limpio. Debemos pedirle al Señor que nos revele qué es lo que hay en nuestros corazones que puede estar ocasionando que caigamos una y otra vez. Sin la ayuda del Espíritu Santo, no sabremos lo que hay en nuestro interior.

> "Examíname, oh Dios, y conoce mi corazón; Pruébame y conoce mis pensamientos; Y ve si hay en mí camino de perversidad, y guíame en el camino eterno".
>
> —SALMO 139:23–24

DEMONIOS QUE OPERAN EN EL REINO DE LA PERVERSIÓN

> "Y como ellos no aprobaron tener en cuenta a Dios, Dios los entregó a una mente reprobada, para hacer cosas que no convienen; estando atestados de toda injusticia, fornicación, perversidad, avaricia, maldad; llenos de envidia, homicidios, contiendas, engaños y malignidades; murmuradores, detractores, aborrecedores de Dios, injuriosos, soberbios, altivos, inventores de males, desobedientes a los padres, necios, desleales, sin afecto natural, implacables, sin misericordia".
>
> —ROMANOS 1:28–31

Podemos estar lleno del Espíritu Santo, como dice Efesios 5:18, pero también estar llenos de demonios, como lo enuncia el pasaje anterior. La gente que rechaza a Dios invita al reino de la perversión a tomar lugar en sus vidas, llenándolos de "toda injusticia", y todo lo que le sigue. Cuando alguien se encuentra oprimido por el espíritu de la perversión, estos son los espíritus demoníacos que se infiltran en su vida:

Injusticia

Injusticia significa pecaminosidad y maldad. La Biblia dice que toda injusticia es pecado (ver 1 Juan 5:17).

Inmoralidad sexual (fornicación)

Como ya hemos visto, la palabra *fornicación* proviene del griego *porneia*, la misma raíz para la palabra *pornografía*. La fornicación abarca mucho más que las relaciones sexuales entre dos personas que no están casadas; es un término general que comprende todos los pecados e impurezas sexuales.

Maldad

Al igual la fornicación, este es otro término general. Según el *Webster's Dictionary*, "malvado" es "algo muy malo desde el punto de vista moral, violento, despiadado, asquerosamente desagradable, vil, que causa o puede causar daño, angustia o problemas".[2] En la Biblia, la maldad está caracterizada por el espíritu de Belial, que es mencionado dieciséis veces en las Escrituras, y es el espíritu responsable de espíritus como los espíritus de idolatría, de impureza, de Jezabel, de violación y abuso sexual, de alcoholismo y embriaguez, de debilidad, de pornografía, de conspiración, de actitud anticristiana, de consciencia cauterizada, de falta de atención, de falta de afecto, de desconsideración y de relaciones impías. He realizado una descripción más detallada de este espíritu en mi libro *Deliverance and Spiritual Warfare Manual* [Manual de liberación y guerra espiritual].

Codicia

El *Webster's Dictionary* define *codicia* como: "Sentir o mostrar un deseo muy fuerte por algo que no se posee y, especialmente, por algo que pertenece a otra persona".[3] Ser codicioso es estar insatisfecho con lo que se tiene, lo que usualmente da lugar a la envidia, los celos y hasta el homicidio. Es interesante lo que dice Romanos 1:21: "Pues habiendo conocido a Dios, no le glorificaron como a Dios, ni le dieron gracias". Como creyente, se me hace difícil comprender que alguien que conozca a Dios no le dé la gloria y las gracias, aunque solo sea por que se trata de Dios. Él de hecho no tiene que hacer nada para que le demos las gracias. Pero una persona atormentada por la codicia no está satisfecha ni conforme y, sobre todo, no es agradecida. Siempre piensa más en lo que merece o debería tener, que en lo que tiene.

También es interesante notar que la ingratitud es una de las cosas que le abren la puerta al reino de la perversión. Actualmente muchos andan quejumbrosos, especialmente en Estados Unidos. Estados Unidos es el país más bendecido, obeso y glotón del planeta. Desechamos más comida de la que mucha gente tiene para alimentarse durante todo un año, conducimos buenos automóviles, pero si no tenemos todo lo que pensamos que deberíamos tener, o si alguien no nos lo da cómo y cuando lo queremos, nos quejamos. No somos agradecidos y, de acuerdo con lo que dice en Romanos 1, este es el primer paso para abandonar a Dios.

Debemos agradecer a Dios por las bendiciones que tenemos, por el sol, la luna y las estrellas; por la lluvia y la luz solar; porque nos ha permitido vivir en lugar de morir; porque nos despertó esta mañana. No debemos ser como la gente en Romanos 1:21 que conocía a Dios, pero no le daba gloria. No queremos ser aquellos a quienes Dios entregó a toda clase de maldad. No queremos que Dios nos diga: "Por cuanto rechazaste mi conocimiento, yo te rechazaré".

Independientemente de lo que nos pase en la vida, debemos seguir alabando y adorando a Dios. No debemos permitir que nada ni nadie, ni ningún demonio o diablo, nos impida hacerlo, porque por sobre todas las cosas, ¡Dios aún es bueno!

Dar gracias y tener una actitud agradecida nos puede rescatar del pozo de la desesperación, y es un remedio para la codicia. Dios siempre quiere que seamos agradecidos por sus bendiciones.

Un corazón malagradecido puede ser una señal de arrogancia. No debemos llegar al punto de pensar que fuimos nosotros mismos los que llegamos al punto en el que estamos hoy. Si no fuera por la misericordia de Dios, nuestra vida sería un desastre. Estaríamos perdidos. Estaríamos en pecado. ¡Estaríamos en el infierno!

Cuando damos por sentadas las bendiciones del cielo, empezamos a decir que no existe Dios. Cuando dejamos de agradecerle, nos volvemos vanos, vacíos y sin substancia. Nuestros pensamientos se hacen vagos, nuestro necio corazón se oscurece y, justo cuando pensamos que somos más inteligentes y sabios, nos hacemos más necios.

La Biblia dice: "Dice el necio en su corazón: No hay Dios" (Sal. 14:1). Cuando empezamos a creer que Dios no existe, que Él no merece honor y alabanza, y que no tenemos que someternos a Él—y este es el tipo de cosas que comúnmente vemos hoy en día—estamos actuando neciamente, y en nuestra necedad somos capaces de hacer cualquier cosa.

Los necios hacen cosas autodestructivas. Es aquí donde el espíritu de destrucción aparece de nuevo. Es aquí donde comenzamos a ver la manifestación de una mente reprobada. El necio seguirá tomando alcohol, aun después de que el médico le diga que va a morir por ello; seguirá fumando aunque el doctor le diga que puede contraer cáncer de pulmón. Los necios hacen cosas que no tienen sentido. Los necios hacen cosas contraproducentes. Los necios toman decisiones insensatas. Los necios arruinan sus vidas y culpan a los demás por ello. Comienza la caída libre del corazón desagradecido e insatisfecho de la persona codiciosa. Esta clase de individuos no alaban a Dios como corresponde.

Malicia

Los demonios son maliciosos por naturaleza. *Malicioso* viene de la palabra *malicia*, que significa: "Deseo de causar dolor, daño o angustia a otro".[4] La gente maliciosa quiere ver sufrir a los demás, especialmente si estos le han hecho mal, no le han permitido salirse con las suyas, o no los dejan asumir el control. Una persona maliciosa quiere ver lastimados a los que supuestamente les han hecho estas cosas.

Envidia

No hablamos aquí de un pequeño espíritu de envidia en un rincón, ni de un demonito escondido debajo de la mesa. Romanos 1:29 dice: "Llenos de envidia". Esto puede estar haciendo referencia a los celos, la codicia y el desagradecimiento, "la acción de asumir de manera dolorosa y hostil la ventaja que otro disfruta, aunada al deseo de poseer la misma ventaja".[5]

Asesinato

Este demonio entra por el odio, la rabia y la amargura. En Mateo 5:21–22 Jesús dijo: "Oísteis que fue dicho a los antiguos: No matarás; y cualquiera que matare será culpable de juicio. Pero yo os digo que cualquiera que se enoje contra su hermano, será culpable de juicio". De nuevo, siendo Jesús la Palabra hecha carne, estaba lleno de discernimiento. Ningún espíritu demoníaco, como el del asesinato, que está asociado con los de la rabia y la amargura, se podía esconder de Él. Él tomó entonces un manto profético y expuso su conexión con nosotros, para que pudiéramos salirnos del anzuelo.

Conflicto

Se refiere a los individuos que les gusta debatir, dividir, y sembrar discordia y desacuerdo. Algunas personas quieren siempre discutir y nunca quieren oír los puntos de vista de los demás. Este espíritu también impide que la gente oiga la verdad sobre sí misma y el lugar que debe ocupar ante Dios.

Si somos salvos, sabemos que la primera parte del proceso de salvación consistió en admitir nuestro error y arrepentirnos. No podíamos llegar diciéndole al predicador: "En realidad no necesito ser salvado, ni leer la Biblia, ni pertenecer a esta iglesia. Yo puedo ser lo que quiera". Entonces, al ser confrontados con la verdad de la Palabra de Dios, el demonio del conflicto nos habría hecho decir: "Bueno yo no creo en eso. Esa es su interpretación". No. Sabemos que para recibir la salvación debemos cumplir con la Palabra de Dios.

Si la Biblia dice: "A la hechicera no dejarás que viva", ¿cómo podemos interpretarlo? Si dice: "La homosexualidad es abominación, le desagrada a Dios", ¿de cuántas maneras podemos interpretar eso? No necesitamos un doctorado para entenderlo. Pero la gente quiere debatir.

Si se ha preguntado qué es lo que le pasa a aquellos que siempre cuestionan lo que dice la Biblia, sepa que está tratando con este espíritu de conflicto. Debemos ser cuidadosos, porque hay gente que nos hará discutir sobre cosas que ni siquiera tienen sentido en lo que respecta a la eternidad. No le preste atención a este espíritu.

Engaño

Incluye espíritus engañadores como la astucia, la mentira y la manipulación.

Chisme

Este demonio es uno de los espíritus de la lengua que también incluye a la calumnia y la forma negativa y divisiva de expresarse.

Calumnia

Otro espíritu que influye en la lengua, o en lo que decimos. Incluye la mentira, el chisme, el falso testimonio, la crítica y similares.

Odio a Dios

Desafortunadamente, cada vez vemos más de esto en la cultura estadounidense. Existe mucha gente que quiere acallar el nombre de Jesús. Hemos eliminado la oración de las escuelas. Hemos comenzado a llamar "discurso de odio" a la prédica de la verdad de la Palabra de Dios. Hoy en día, parece que todo el mundo tolera todo, menos las cosas de Dios.

Insolencia

Este es otro espíritu que influye en el habla. La palabra *insolente* significa "insultante y despectivo en el habla o conducta; autoritario".[6] También significa "grosero o descortés; que tiene o muestra una falta de respeto hacia otras personas".[7]

Orgullo

Este es un demonio terco que a menudo es el más difícil de expulsar de la vida de una persona. Está personificado en Job 41 como el leviatán. Este espíritu siempre se encontrará en algún lugar de un reino. El orgullo también se relaciona con la arrogancia, la altivez y la superioridad. Los fariseos ejemplificaban el espíritu del orgullo, que se manifestaba como un espíritu religioso. Hablaremos más sobre este espíritu en el próximo capítulo.

Jactancia

Se relaciona estrechamente con el orgullo. Es un espíritu que también influye en la lengua o en lo que decimos. La jactancia no solo consiste en sentirse orgulloso o superior, sino en alardear de ello. La Biblia dice que lo necio del mundo escogió Dios, para avergonzar a los sabios, y para que nadie pudiera jactarse (ver 1 Corintios 1:27). Dios favorece y bendice al humilde, pero resiste al orgulloso. El orgulloso y jactancioso no recibe ayuda del Señor.

Maquinación de cosas malvadas

Hoy más que nunca la gente idea nuevas formas de hacer el mal. Sin tener en cuenta a Dios, la sabiduría, o cualquier cosa prudente, la gente sigue maquinando nuevas maneras de oprimir, torturar y manipular a los demás. A diario los medios noticiosos nos hablan de las espantosas acciones de grupos como ISIS o Boko Haram, que asesinan mujeres y niños y sacan a la gente de sus hogares a la fuerza. En Estados Unidos, somos testigos de la aparición de nuevos métodos de utilización de los sistemas políticos, la violencia y el terrorismo para promover el mal, a través de la defensa del aborto y la homosexualidad.

Desobediencia a los padres

La Biblia dice en Efesios 6:1–3: "Hijos, obedeced en el Señor a vuestros padres, porque esto es justo. Honra a tu padre y a tu madre, que es el primer mandamiento con promesa; para que te vaya bien, y seas de larga vida sobre la tierra". Muchos de los jóvenes actuales no están de acuerdo con este mandamiento, aunque a algunos les gustaría decir que es por culpa de sus padres. Hay un irrespeto creciente de la juventud hacia la autoridad. Numerosos programas de televisión promueven la desconfianza y el irrespeto a la autoridad. Muchas veces, los padres se describen como despistados, alejados de la realidad

EL REINO DE LA PERVERSIÓN

y simplemente tontos. Ya he señalado que el rechazo es la raíz de una gran cantidad de los problemas que estamos viendo en nuestra juventud, especialmente en lo que se refiere al espíritu de perversión.

Lo que muchos jóvenes no han aprendido es que, a pesar de todo, Dios todavía tiene una bendición y una promesa para aquellos que honran y obedecen a sus padres en el Señor. Los padres no son perfectos, y en algunos casos extremos se requiere de una gran cantidad de liberación y ayuda para desarrollar el discernimiento y la estrategia para honrar a padres que tal vez son abusivos, o están bajo la influencia de espíritus de rechazo o perversión.

Dios honrará a los que honren a sus padres. La rebelión en contra de los padres hace que los jóvenes estén expuestos a ser afligidos por muchos demonios.

Falta de comprensión

Las personas que carecen de comprensión dicen cosas como: "No entiendo por qué eso está mal", "No entiendo por qué voy a ir al infierno si hago tal cosa", "No entiendo por qué debo dejarlo". Bueno, claro que no comprenden. Carecen de comprensión.

El diablo bloquea nuestro entendimiento. Nos ciega y nos deja en la oscuridad. Estamos tan confundidos que no sabemos ni quiénes somos. La Biblia dice: "Sabiduría ante todo; adquiere sabiduría; Y sobre todas tus posesiones adquiere inteligencia" (Pr. 4:7). Necesitamos sabiduría y comprensión.

Incapacidad de mantener un compromiso

Los que están involucrados en perversiones inician y terminan relaciones con suma facilidad. No existe fidelidad o lealtad en sus relaciones. Quienes están luchando con el adulterio, la fornicación, la homosexualidad, el lesbianismo y la bisexualidad, suelen ser promiscuos y no mantienen compromisos.

Sin afecto natural

Esta frase en griego significa "sin amor" o "desprovisto de afecto". Significa también "un corazón duro hacia los semejantes", o que no tiene amor, compasión, empatía o afecto hacia su propia familia o comunidad.[8]

Son implacables

Esto significa la persona con quien usted está tratando, no estará tranquila o satisfecha. No se puede hacer las paces o tener una tregua con ellos.

Inmisericordes

"Bienaventurados los misericordiosos, porque ellos alcanzarán misericordia" (Mt. 5:7). Los individuos controlados por la perversión no tienen misericordia ni compasión, simplemente son crueles y egoístas. Pero tampoco recibirán la misericordia o la compasión de Dios hasta que se aparten de este comportamiento y se arrepientan. No olvidemos que, tal como se indicó en el ministerio de Cristo mientras estuvo en la tierra, la compasión es lo que mueve a Dios a intervenir en nuestras vidas para traernos liberación, sanidad y progreso.

Estos son los espíritus demoníacos que operan en el reino de la perversión. En Romanos 1, el apóstol Pablo habla de hombres y mujeres que no adoran a Dios y se encuentran envueltos en perversión (lesbianismo y homosexualidad). Como resultado, Dios los entregó a estos deseos y se les dio una mente reprobada. Sus mentes se abrieron para que todos estos demonios entraran.

Si usted o alguien por quien usted está orando o ministrando tiene espíritus de perversión, puede usar esa lista que aparece en Romanos 1 como guía para expulsar cada uno de estos espíritus. Los demonios se manifestarán y la persona involucrada tendrá una gran liberación. Pero sobre todo, déjese guiar por el Espíritu de Dios. No se limite a esta lista, solo úsela como referencia para familiarizarse con estos espíritus demoníacos. Luego, cuando sea llamado para ministrar a alguien, el Espíritu Santo le traerá a la mente estas cosas.

GUARDEMOS NUESTRO CORAZÓN

"Porque del corazón salen los malos pensamientos, los homicidios, los adulterios, las fornicaciones, los hurtos, los falsos testimonios, las blasfemias. Estas cosas son las que contaminan al hombre; pero el comer con las manos sin lavar no contamina al hombre".

—Mateo 15:19–20

Como mencioné anteriormente, el espíritu de perversión proviene del corazón. La homosexualidad, el lesbianismo, el adulterio y la fornicación son problemas del corazón. Si usted es un homosexual activo, por mucho que defienda su estilo de vida, usted tiene un problema del corazón. De alguna manera, el enemigo plantó una semilla en su corazón por medio de un trauma, ya sea por medios directos (como acoso sexual) o indirectos (como trauma generacional). Como usted no guardó su corazón o no estaba preparado espiritualmente para hacerlo, la semilla creció y se manifestó como perversión.

Permítame darle un ejemplo: si un hombre acosa sexualmente a un niño, este puede crecer con tendencias homosexuales, porque su corazón fue abierto y él no supo cómo cerrarlo a eso en ese momento.

Podemos cerrar nuestro corazón a ciertas cosas. Podemos tomar la decisión: "No voy a ser homosexual". Podemos cerrar nuestro corazón a eso y decir: "No. No voy a ser gay, lo detesto, no quiero ser homosexual". Podemos decidir a temprana edad que no seremos homosexuales. Hay muchos hombres que fueron acosados en la niñez que pudieron crecer como homosexuales, pero se negaron a serlo. Cuando cerramos nuestro corazón a la profanación del enemigo, no hay nada que el diablo pueda hacer para introducirse en nuestro corazón.

Proverbios 4:23 dice: "Sobre toda cosa guardada, guarda tu corazón; Porque de él mana la vida". Lo que viene a nuestra vida fluye del corazón. Cómo terminemos en la vida depende de cómo lo guardemos. Terminamos en ciertos lugares por lo que salió de nuestro corazón. Judas, un discípulo de Jesús, es un ejemplo de lo que pasa cuando no guardamos nuestro corazón.

> "Y cuando cenaban, como el diablo ya había puesto en el corazón de Judas Iscariote, hijo de Simón, que le entregase".
>
> —JUAN 13:2

No solo vemos que el corazón de Judas estaba abierto al enemigo, sino que aprendemos algo sobre Satanás. A él le gusta poner cosas en nuestro corazón. Pone pensamientos en nuestra mente e inclinaciones en nuestro corazón: "Eres homosexual, eres lesbiana, y si dejaste que este acoso ocurriera debe ser porque te gusta. Debes ser homosexual. ¿De qué otra manera lo explicas?". Si recibimos estas mentiras como verdades, se colarán en nuestros corazones y las haremos realidad.

Todo pecado sexual comienza con un pensamiento. No caemos con alguien en la cama así como así, sino que pensamos en ello antes de que suceda. No nos despertamos diciendo "¿Qué? ¿Qué pasó? ¿Cómo llegué aquí?". Todo empieza con un pensamiento.

No triunfaremos sobre el pecado sexual hasta que tengamos autoridad sobre nuestra manera de pensar. No importa cuánta liberación recibamos, tenemos que controlar nuestros pensamientos. No podemos pensar en el pecado sexual, meditar en él y esperar no involucrarnos en eso después. Cuanto más pensemos en algo, mayor es la probabilidad de que acabemos haciéndolo. Debemos llevar cautivos nuestros pensamientos como dice en 2 Corintios 10:5: "Derribando argumentos y toda altivez que se levanta contra el conocimiento de Dios, y llevando cautivo todo pensamiento a la obediencia a Cristo". Muchos somos sencillamente perezosos y dejamos que el diablo ronde libremente por nuestras mentes todo el día, desde que nos despertamos hasta que nos vamos a dormir. Nunca sacamos esos pensamientos malvados de nuestro corazón, y aun así nos preguntamos por qué estamos atrapados en ciertos pecados.

DIOS NOS QUIERE DAR UN CORAZÓN NUEVO

"Os daré corazón nuevo, y pondré espíritu nuevo dentro de vosotros; y quitaré de vuestra carne el corazón de piedra, y os daré un corazón de carne".

—EZEQUIEL 36:26

Dios nos da un corazón nuevo. Independientemente de lo que haya habido en nuestros corazones cuando llegamos a Cristo, Dios nos dará ese corazón nuevo. Si usted ha estado luchando con cualquiera de las cosas que hemos discutido hasta ahora, Dios quiere darle ese corazón, libre de las ataduras de la perversión.

La Biblia dice: "De modo que si alguno está en Cristo, nueva criatura es; las cosas viejas pasaron; he aquí todas son hechas nuevas" (2 Co. 5:17). Dios nos trasplantará un nuevo corazón. Él hará un milagro en él. Esta es la promesa de Dios a través del nuevo pacto. Comenzó con el pueblo de Israel. Dios les dijo: "Voy a hacer algo dentro de ustedes". Aunque nos digan que una vez que se es homosexual se seguirá siendo homosexual, Dios puede transformarnos completamente. Lo mismo se decía sobre el alcoholismo: si usted fue alcohólico una vez, siempre lo seguirá siendo. El diablo es un mentiroso. Independientemente de cuán adictos hayamos sido al alcohol, podemos ser liberados. Y al ser liberados, dejamos de ser alcohólicos. Somos nuevas criaturas en Cristo. Dios nos liberará del alcoholismo de tal manera, que ni siquiera podremos soportar el sabor del alcohol, y cuando Dios nos libera del cigarrillo, detestamos su olor y nos preguntamos cómo pudimos haber fumado alguna vez.

Cuando Dios nos cambia el corazón, ya no somos la misma persona. Podrán existir tentaciones que nos quieran llevar de vuelta a nuestro antiguo estilo de vida, pero tendremos el poder de acallarlas. No tenemos que volver a ser homosexuales, lesbianas, fornicarios, ni adúlteros nunca más. Dios dice: "Cuando haga esta obra en tu corazón, habrá un milagro tan grande, que la gente se dirá que no puede creerlo. Se preguntarán cómo dejaste ese estilo de vida". La clase de cambio de la que estoy hablando ha de ser una obra interna.

Tenemos testimonios de personas transgénero que han sido salvadas. Algunas hasta se hicieron cambios de sexo. Tendemos a pensar que cuando se llega tan lejos ya no hay nada que hacer, pero nada está lejos del alcance de Dios. Él puede hacer un milagro en la vida de cualquier persona y cambiar su corazón, porque no hay nada imposible estando con Dios. Todo es posible para el que le cree. ¿Lo cree usted?

CAPÍTULO 6
ORGULLO: EL BLOQUEADOR ESPIRITUAL

"Antes del quebrantamiento es la soberbia,
y antes de la caída la altivez de espíritu".

—PROVERBIOS 16:18

HEMOS AVANZADO MUCHO en la identificación de los grupos de demonios que destruyen la vida de una persona que ha sido afectada por el rechazo. Oro para que cuando usted lea este libro, se despierte en su interior el deseo de experimentar un cambio en su vida y en las vidas de aquellos por los que usted ora y cree. Al iniciar este capítulo del orgullo, quiero recordarle que no hay nada que sea demasiado difícil para Dios. Aunque el orgullo es un demonio terco que aparece en casi todos los grupos demoníacos conocidos, Dios es más terco aún, y está decidido a rescatarnos.

En Job 41 el orgullo se manifiesta en el reino espiritual como el leviatán, la retorcida serpiente de mar. Los espíritus que operan dentro de los grupos demoníacos del orgullo son la arrogancia, la soberbia, la vanidad, la exaltación propia, la arrogancia, la rebelión, la terquedad, la burla, la actitud desafiante, la falta de sumisión, el egoísmo, las ínfulas de perfección, y los espíritus de Rahab y de Orión.

El orgullo trae destrucción y maldición, llevando a la persona a cometer errores (Sal. 119:21). Dios resiste a los soberbios (Stg. 4:6). El temor de Jehová es aborrecer el mal, la soberbia y la arrogancia (Pr. 8:13). Dios intenta ocultar el orgullo del hombre por medio de los sueños (Job 33:14–17). A veces la enfermedad es el resultado del orgullo (Job 33:19–26). Él puede humillar a los que andan con soberbia (Dn. 4:37). Este espíritu bloquea la oración, la adoración y el flujo del Espíritu Santo.

Dentro de la personalidad del rechazo, el espíritu del orgullo convence a la persona, diciéndole: "Ciertamente tienes muchas razones para sentirte orgulloso". Este grupo de demonios incluso ayuda a "promover campañas de autopromoción para convencer a los demás" y obliga "al manómetro de inferioridad y la baja autoestima a elevarse a un nivel irracional, ignorando la advertencia de Proverbios 27:2: 'No te jactes de ti mismo; que sean otros los que te alaben'" (NVI).[1]

EL REY DEL ORGULLO: EL LEVIATÁN

"¿Sacarás tú al leviatán con anzuelo, o con cuerda que le eches en su lengua? [...]. Menosprecia toda cosa alta; es rey sobre todos los soberbios".

—JOB 41:1, 34

En el capítulo anterior, introduje el concepto de los reinos demoníacos. El orgullo es otro reino demoníaco que toma posesión del alma de una persona que está oprimida por un espíritu de rechazo. En este reino el demonio rey es leviatán.

Job 41 es el pasaje clave que nos habla del leviatán. La mayoría de las personas que tienen este poderoso espíritu jamás logran liberarse, ya que una de sus tareas principales es bloquear esa liberación. Los ministros que se niegan a abrirse al ministerio de liberación están siendo controlados por el espíritu del leviatán. Este es su problema principal. La mayoría de la gente que se opone al ministerio de liberación tiene poderosos demonios leviatanes, por ello rara vez son liberados.[2]

Quienes forman parte del ministerio de liberación necesitan estar familiarizados con el leviatán. Si no es así, es posible que se sorprendan cuando se encuentren con los espíritus que se identifican como leviatanes. Algunas traducciones de la Biblia se refieren a él como "el cocodrilo" o lo describen como una gran serpiente marina. Job 41 es el pasaje más importante sobre el leviatán. Yo hablo detalladamente de este reino demoníaco en mi libro *Manual de liberación y guerra espiritual*, aun así, describiré brevemente sus características a medida que desarrollamos una estrategia espiritual, concentrándonos específicamente en destruir el espíritu del rechazo.

No puede fluir en el Espíritu Santo

"La gloria de su vestido son escudos fuertes, cerrados entre sí estrechamente. El uno se junta con el otro, que viento no entra entre ellos".
—Job 41:15–16

Las escamas del leviatán son su orgullo y, como dice el versículo, el aire no entra entre ellas. El aire representa el espíritu, y una de las manifestaciones del orgullo es la incapacidad de fluir en el Espíritu.

El leviatán intentará bloquear el flujo y las manifestaciones del Espíritu Santo entre los creyentes. Las personas orgullosas pueden obstaculizar el flujo del Espíritu; y es que la humildad es clave para operar en el poder del Espíritu Santo.

Se defiende a sí mismo

Las escamas del leviatán son su orgullo. Se protege a sí mismo con su armadura. Las personas orgullosas tienen una forma de encerrarse en ellas mismas y esconderse detrás de las escamas del orgullo. Si queremos vencer al leviatán, debemos atacarlo y quitarle sus escamas.

Bloquea la oración y el ministerio de oración

"¿Multiplicará él ruegos para contigo?".

—Job 41:3

Rogar es orar, y el leviatán no ruega porque es demasiado orgulloso. Por lo tanto, intentará bloquear la oración y atacará los ministerios de oración. Hemos tratado con personas que se duermen cuando oran y esto puede tener relación con el leviatán.

Cuando oramos, debemos acercarnos a Dios con un espíritu de humildad. En pasajes de la Biblia como Filipenses 4:6, el concepto de ruego consiste en enviar una solicitud a alguien que tiene autoridad sobre nosotros. Dios es nuestro creador, nuestro gobernante. Él es soberano. Debe ser reverenciado y temido. Es nuestra ayuda definitiva. Pero aquellos que operan bajo el espíritu del orgullo se jactan de que no necesitan de Dios ni su protección. El orgullo hará que nos esforcemos por resolver las cosas nosotros mismos. También nos hace inclinarnos ante nuestro propio entendimiento, que es por decir poco, limitado. Sacamos la sabiduría infinita y la fuerza y provisión ilimitadas de Dios de la ecuación y nos programamos para el fracaso y el desgaste, entre otras cosas.

Dice palabras duras

"¿Te hablará él lisonjas?".

—Job 41:3

El leviatán no habla palabras tersas. Las palabras ásperas son otra característica del leviatán. Habla duramente, sin ternura ni bondad.

Job 41:21 dice: "Su aliento enciende los carbones", lo que significa que sus palabras tienen un efecto destructivo y negativo. Aquellos que están bajo el poder del leviatán se vuelven muy críticos, especialmente los que tienen autoridad. Se convierten en prejuiciosos, y sus palabras tienen el efecto de destruir en vez de construir.

El orgullo es un espíritu malvado. Las personas orgullosas son indiferentes a los sentimientos y las necesidades de los demás. No tienen ninguna consideración en la forma en que interactúan con ellos, les hablan como mejor les parece. Pero esta no es la manera en que los creyentes debemos tratar a otros. Debemos mostrar siempre amor, humildad, bondad y misericordia.

Rompe alianzas

"¿Hará alianza contigo?".

—JOB 41:4

El leviatán no hace alianzas; por el contrario, es un espíritu que las rompe. Muchos matrimonios han sufrido a causa de la intervención del leviatán. Un matrimonio no sobrevive si los cónyuges son orgullosos y no tienen el deseo de someterse mutuamente. Mire lo que el pastor Ron Phillips dice acerca del leviatán:

> Cuando alguien está afectado por este espíritu, se destruyen todas las alianzas. Este espíritu rompe matrimonios, pactos comerciales, amistades y, lo peor de todo: iglesias.[3]

El orgullo nos hace pensar que no necesitamos de nadie, que podemos hacer todo por nuestra cuenta. Nos hace ver a los demás como recursos que podemos aprovechar y utilizar para alcanzar nuestros propios objetivos. El orgullo nos impide experimentar la intimidad de la relación, la colaboración y el intercambio de pensamientos e ideas. Nos impide ver el valor de los demás. El orgullo nos lleva a competir en vez de colaborar. Nos impone una mentalidad de "yo contra el mundo".

Los orgullosos no pueden honrar las alianzas porque no ven las bendiciones de cumplir con ellas. Al hacer alianzas, debemos estar dispuestos a ceder, a dar y recibir, a escuchar, y a veces a actuar en nombre del otro. El leviatán endurece los corazones de aquellos en los que habita, haciendo que rechacen las alianzas, incluso las alianzas con Dios. Quienes son controlados por el leviatán no valoran a los demás; por lo tanto, no pueden cumplir con ellos y mantener su palabra. Los matrimonios, las amistades y las familias son los tipos de relaciones con alianza que se desmoronan porque una de las partes está sujeta al orgullo.

Odia servir, pero le gusta que le sirvan
"¿Hará pacto contigo para que lo tomes por siervo perpetuo?".

—Job 41:4

El leviatán no sirve a nadie. El orgullo nos impide servir a otros. Servir es un acto de humildad, y el leviatán lo odia. Las personas orgullosas no tienen la capacidad de servir a los demás. El servicio requiere humildad. Como la Biblia señala, el orgullo es lo mismo que el espíritu de soberbia. Ser soberbios significa que estamos convencidos de que somos mejores que los que nos rodean, con derecho a recibir estima, honor y una posición más alta. Cuando estamos controlados por este espíritu, sentimos que necesitamos y merecemos ser servidos.

Con él no se juega

"¿Jugarás con él como con pájaro, o lo atarás para tus niñas?".

—Job 41:5

No juegue con el orgullo. El orgullo no es una mascota. Sería peligroso intentarlo. Este espíritu no puede ser domesticado y, por lo tanto, tiene que renunciarse por completo a él.

Difícil de derrotar

"Pon tu mano sobre él; te acordarás de la batalla, y nunca más volverás".

—Job 41:8

La batalla contra el orgullo puede ser una de las más difíciles. El orgullo es muy fuerte en algunas personas, y será necesario contar con una determinación feroz para derrotarlo. Incluso cuando tratamos con alguien que está lleno de orgullo, podemos sentir como si estuviéramos en una batalla.

Obstinado y terco

"En su cerviz está la fuerza, y delante de él se esparce el desaliento".

—Job 41:22

El leviatán es obstinado. La terquedad y la rebelión son signos del leviatán. Israel siempre fue llamado un pueblo obstinado, y Dios los juzgó por su terquedad y rebelión.

"Porque como pecado de adivinación es la rebelión, y como ídolos e idolatría la obstinación".

—1 SAMUEL 5:23

"¡Obstinados, e incircuncisos de corazón y de oídos! Vosotros resistís siempre al Espíritu Santo; como vuestros padres, así también vosotros".

—HECHOS 7:51

Duro de corazón

"Su corazón es firme como una piedra, y fuerte como la muela de abajo".

—JOB 41:24

La dureza de corazón es otra característica del leviatán. También es una de las causas del divorcio (Mt. 19). La dureza de corazón está conectada a la incredulidad y a la incapacidad para entender y comprender las cosas espirituales.

Profundamente arraigado

"Hace hervir como una olla el mar profundo, y lo vuelve como una olla de ungüento".

—JOB 41:31

El leviatán habita en las profundidades. El orgullo puede arraigarse fuertemente en nuestras vidas y hacerse difícil de arrancar. El leviatán está en el mar, que representa a las naciones. Hace que las profundidades hiervan y es responsable de la intranquilidad.

Es controlador y se resiste a la sumisión

El apóstol Colin Urquhart ha estudiado el espíritu del leviatán y dice que debido a su orgullo, el leviatán quiere tener el control. Y aquellos que están bajo la influencia de este espíritu "quieren controlar las situaciones en las que se encuentran. Resisten la sumisión a la verdadera autoridad espiritual". Afirma que el leviatán es "un espíritu de burla, y utiliza la burla como una manera de atacar a los demás. Se burla de los que [están] caminando en obediencia al Señor o de los que están en desacuerdo con él. Lo único que importa son sus propias opiniones". Urquhart señala que las personas que tienen un fuerte espíritu de orgullo no solo se vuelven duras de corazón, sino también insensibles. Esto apunta de nuevo a las apretadas escamas del reptil que funcionan como una armadura. "¡La verdad no penetra en ellos!", explica.[4]

Es mentiroso

El leviatán tuerce la verdad. Tergiversa lo que se ha dicho, haciendo que sus víctimas crean a veces todo lo contrario. Aquellos que están bajo su influencia escuchan las cosas de una manera retorcida, y luego creen que esta versión retorcida es la verdad. Es esta tergiversación de la verdad lo que hace que sea un espíritu difícil de combatir.

No se puede razonar con este espíritu, ya que aparta a los demás de la verdad. De hecho, los que están bajo su influencia pueden estar tan engañados, que no se dan cuenta de que están siendo engañados, o de que están tergiversando la verdad. Isaías 27:1, dice: "En aquel día Jehová castigará con su espada dura, grande y fuerte al leviatán serpiente veloz, y al leviatán serpiente tortuosa".

Así es como funciona este espíritu de mentira. Cuando alguien dice algo de la Palabra, ¡ya en su mente lo ha tergiversado!, y entonces aduce que fuimos nosotros los que oímos mal. Tal vez estamos conversando con nuestra pareja sobre un tema específico, con buenas intenciones, y de repente él o ella se irrita por algo que decimos. La iglesia toma una decisión basada en la verdad, pero sentimos que debe haber algo más. O alguien infectado con el leviatán tergiversa lo que se ha dicho y crea división [...]. Esta serpiente se interpone en el camino y tergiversa la verdad. Se entromete entre amigos y esposos y lo tergiversa todo. Se mete en la vida de la iglesia y la desfigura. [...] En un instante, el cocodrilo se lleva su presa y la retuerce, hasta quitarle la vida. [...] El enemigo se lleva a las personas buenas y las retuerce hasta dejarlas confundidas.[5]

Derrotemos al leviatán con el poder de Dios y del ayuno

"Magullaste las cabezas del leviatán, y lo diste por comida a los moradores del desierto".

—Salmo 74:14

Dios tiene el poder de golpear y aplastar la cabeza del leviatán mediante el ejercicio de su autoridad. Dios es nuestro Rey, el que trabaja en la salvación (liberación) de la tierra.

El salmista dijo: "Afligí con ayuno mi alma" (Sal. 35:13). "Pero Él da mayor gracia. Por esto dice: Dios resiste a los soberbios, y da gracia a los humildes" (Stg. 4:6), y da fuerzas para combatir a este terco demonio. Cuando ayunamos, humillamos nuestras almas. Liberarse del leviatán trae paz, favor, alegría y libertad.

El Faraón era un leviatán. Dios liberó a su pueblo de las garras del Faraón mediante pruebas terribles. El pueblo de Israel salió de Egipto y viajó a la tierra prometida, una tierra de la que manaba leche y miel. La prosperidad llega a la vida de una persona cuando esta se libera del leviatán.

El espíritu del leviatán solo puede ser vencido por medio de la actividad sobrenatural del Espíritu de Dios, y no por ningún medio humano. Este espíritu produce dureza de corazón en las personas (Job 41:24), dificultándoles aún más el arrepentimiento que necesitan.

Cuando empecemos a expulsar y a desmantelar los espíritus que operan dentro del espíritu de rechazo, la batalla contra el orgullo será la más dura de todas, debido a que está arraigada en la raíz de nuestra naturaleza caída y profundamente conectada con el espíritu del hombre. Pero podemos vencer, siempre y cuando nos humillemos ante Dios y lo busquemos para que nos libere. No ganaremos la batalla contra el leviatán por nuestros propios medios.

CAPÍTULO 7
EL ESPÍRITU DE ENFERMEDAD

"El corazón alegre constituye buen remedio;
mas el espíritu triste seca los huesos".

—PROVERBIOS 17:22

L PASTOR CHRIS SIMPSON, de New Wine Media, habla de los efectos que el rechazo puede tener en la salud física de una persona. Nos dice:
¿Sabía usted que el rechazo puede afectarlo físicamente? Puede secar sus huesos. Por lo general, son los 'interiorizadores' los que se enferman debido al rechazo. ¿Por qué sucede esto? Se debe a que el rechazo a menudo produce ira. Pero debemos hacer algo con esa ira. Si la encerramos en nuestro interior, esta hallará la manera de salir a la superficie. Si vivimos en negación con respecto a ella, se convertirá en resentimiento y amargura. Esta actitud puede traer problemas físicos.

He visto con frecuencia a personas curarse en el acto cuando perdonan a quienes les habían hecho daño, cuando renuncian a la amargura y el resentimiento en su corazón. Es asombroso lo rápido que el Espíritu Santo sana las heridas y da vida a los huesos secos. Muchas enfermedades y dolencias físicas tienen sus raíces en el rechazo y la amargura: problemas de la piel, dolores de cabeza, alergias, dolores de cuello o espalda, rigidez en las articulaciones, artritis, estrés, nerviosismo y varias dolencias".[1]

Aunque he hablado de esto en mi libro *Inquebrantable,* creo que la conexión entre el rechazo y el espíritu de enfermedad es demasiado importante como para no hablar de ello en este libro. Ciertas enfermedades y trastornos tienen conexiones directas con las manifestaciones del rechazo, como el rechazo propio, el miedo, la vergüenza, la amargura, el resentimiento, la perversión o la indisposición a perdonar. La forma en que se recibe la sanación espiritual en el cuerpo está relacionada con la forma en que se maneja el rechazo.

Aunque estoy abordando este tema desde una perspectiva espiritual, quiero dejar claro que la enfermedad no siempre es demoníaca. Los gérmenes, los virus y las bacterias tienen un efecto físico legítimo en nuestros cuerpos. Sin embargo, debemos poder discernir cuando una enfermedad no es más que un ataque espiritual. Llega un momento en el que no podemos ignorar las raíces espirituales de algunos de nuestros males físicos. Cuando nuestras enfermedades son estrictamente físicas, los tratamientos físicos brindan sanación y alivio. Cuando nuestros padecimientos son de naturaleza espiritual, solo la liberación nos brindará una sanación completa.

Quiero asegurarme de establecer una distinción clara entre las enfermedades físicas y las enfermedades provocadas por la opresión espiritual. Por ejemplo, es común encontrar personas que siempre están enfermas. Estas personas siempre están estornudando, tosiendo, respirando mal y visitando al doctor para que les prescriba antibióticos. Es probable que tengan un sistema inmunológico débil. Pudiera ser algo viral o bacteriano, algo que tenga solución médica. Pero, ¿por qué sus sistemas inmunológicos se han vuelto tan débiles? ¿Por qué no son capaces de luchar contra las infecciones, bacterias o virus, como las demás personas? Como les mostraré en este capítulo, el rechazo propio, la culpa y la indisposición a perdonar son problemas espirituales comunes que mantienen a las personas atormentadas con padecimientos y dolencias. Incluso la comunidad médica está aceptando esta correlación. Ni la ciencia ni la medicina son nuestros enemigos. Existen doctores que tienen sabiduría y el don de ayudar y sanar. Pero hay algunas cosas que simplemente no pueden tratarse. Y cuando estamos plagados de afecciones, no solo nos interesa tratar los síntomas.

Mucho de lo que hoy en día llamamos medicina es simplemente la prescripción de fármacos que no atacan la raíz del problema. Los fármacos solo minimizan los síntomas. Los médicos no están entrenados para diagnosticar enfermedades que tienen raíces espirituales. Pero sabemos quién sí, y Él nos ha dado la bendición del ministerio de liberación para sanar nuestra mente, cuerpo y espíritu.

ÉL LLEVÓ NUESTROS DOLORES Y NUESTRAS ENFERMEDADES

"Despreciado y desechado entre los hombres, varón de dolores, experimentado en quebranto; y como que escondimos de él el rostro, fue menospreciado, y no lo estimamos. *Ciertamente llevó él nuestras enfermedades, y sufrió nuestros dolores*; y nosotros le tuvimos por azotado, por herido de Dios y abatido. Mas él herido fue por nuestras rebeliones, molido por nuestros pecados; el castigo de nuestra paz fue sobre él, y por su llaga fuimos nosotros curados".

—ISAÍAS 53:3–5
(ITÁLICAS AÑADIDAS)

Estudiando en profundidad Mateo 8:17, el cual hace referencia al pasaje anterior, he llegado a la conclusión de que *enfermedades* y *dolores* en este versículo significan literalmente eso. Mateo cita al profeta Isaías, que dice: "Y cuando llegó la noche, trajeron a él muchos endemoniados; y con la palabra echó fuera a los demonios, y sanó a todos los enfermos; para que se cumpliese lo dicho por el profeta Isaías, cuando dijo: El mismo tomó nuestras enfermedades, y llevó nuestras dolencias" (vv. 16–17).

Según estos versículos, la profecía de Isaías de que Jesús cargaría nuestras penas y llevaría nuestros dolores se cumplió por medio de la expulsión de los demonios y la sanación de los enfermos. El profeta está en lo cierto, ya que los padecimientos y las enfermedades causan pena y aflicción.

Como señalaré más adelante, una de las estrategias principales para destruir el espíritu de rechazo es la revelación del rechazo de Cristo. Isaías lo menciona en Isaías 53:3–5 porque hay una conexión entre el rechazo de Jesús y el haber cargado nuestros dolores y quebrantos (padecimientos y enfermedades). Descubriremos que el rechazo es la raíz de la mayoría de los dolores y quebrantos que experimentamos, y también es la causa principal de muchos padecimientos y enfermedades. Es una de las peores cosas que el enemigo puede poner en la vida, ya que nos condena a un sinfín de cosas.

Los autores y pioneros en liberación Noel y Phyl Gibson escribieron un libro hace muchos años que creo que es uno de los mejores recursos sobre el espíritu del rechazo. Se llama *Excuse Me, Your Rejection Is Showing* [Disculpa, se te está viendo el rechazo]. En el libro se refieren al rechazo como la obra maestra de Satanás. El diablo lo utiliza para tratar de destruir a todo el que viene al mundo. El rechazo es como el portero del mundo demoníaco. Es un problema de raíz, un demonio de raíz. Como ya mencioné, en esto de la liberación tenemos que llegar a la raíz. El hacha siempre se deja caer sobre la raíz (Mt. 3:10; Lc. 3:9). Podemos destruir las ramas, podemos atacar los síntomas, pero a menos de que vayamos a la raíz y la ataquemos, la mala hierba volverá a crecer.

LA LIBERACIÓN LLEGA A LA RAÍZ DE LA ENFERMEDAD

Los médicos tratan básicamente con evidencia empírica, aquello que pueden en los gráficos y en los estudios. No suelen prescribir sus tratamientos en función de si la persona está lidiando o no con un problema de rechazo, ira o amargura. Los siquiatras pueden entender el origen psicológico de una dolencia o una afección, pero si no son creyentes, no tomarán en cuenta el estado espiritual del paciente. La liberación, por el contrario, es un ministerio que está diseñado para llegar a la raíz del problema. El problema con las raíces es que no se pueden ver con el ojo físico. Muchas veces se ocultan bajo tierra, y solo pueden ser discernidas por el Espíritu de Dios.

Muchos profesionales de la medicina apenas están comenzando a aceptar que existe una estrecha conexión entre la salud del espíritu y la salud del cuerpo y la mente. La Biblia dice en 3 Juan 2: "Amado, yo deseo que tú seas prosperado en todas las cosas, y que tengas salud, así como prospera tu alma".

A menos que entendamos sobre liberación y el reino espiritual, no podremos saber con qué estamos lidiando. Tal vez pensamos que solo podemos superar nuestra enfermedad por medio de la fe. El asunto es que, si seguimos enfermos, nos sentiremos condenados y creeremos que nuestra falta de fe es lo que nos mantiene enfermos. Hay algunos casos donde el nivel de fe de una persona juega un papel importante en su liberación y sanación. Sin embargo, necesitamos entender completamente la liberación de Dios para tratar la raíz del problema, que son los demonios.

La Biblia no utiliza terminología moderna para nombrar enfermedades y dolencias. Nos dice que Jesús, expulsando los demonios con su palabra y sanando a todos los enfermos, llevó nuestras enfermedades y dolencias: Él se las quitó a la gente (Mt. 8:16). Cuando la mayoría de los pastores predican o hablan sobre el poder sanador de Dios, normalmente se concentran en Mateo 8:17: "Él mismo tomó nuestras enfermedades, y llevó nuestras dolencias". Y haciendo uso de esa palabra, se nos anima a confesar nuestra sanación por medio de la fe. Lo que sucede es que no miramos el versículo 17 en el contexto del versículo 16: "[...] trajeron a él muchos endemoniados. Y con la palabra echó fuera a los demonios, y sanó a todos los enfermos [...]". Luego el versículo 17 continúa: "[...] para que se cumpliese [...]". Muchas veces separamos estos dos versículos, pero en realidad la sanación de las dolencias y las enfermedades con frecuencia viene a través de la expulsión de los demonios.

Hay un viejo debate que de vez en cuando sale a relucir, sobre si es posible que los cristianos tengan demonios. La respuesta es sí, es posible. Toda persona está hecha de tres partes: espíritu, alma y cuerpo. El Espíritu Santo mora en la parte espiritual del hombre. Los demonios habitan en el alma. El alma contiene la mente, la voluntad y las emociones. La presencia de demonios en esta área es la razón por la que la Biblia dice que nuestras mentes tienen que ser renovadas.

Para demostrar que los cristianos no pueden tener demonios, algunos alegan que Dios no establece su residencia en un lugar que también está ocupado por el diablo. Obviamente esto no es cierto. Dado que Dios es omnipresente (está en todas partes al mismo tiempo), Él está tanto en el cielo como en la tierra, y los demonios están rondando la tierra. Es decir, Dios y los demonios están ocupando básicamente el mismo espacio. Así que ese mito ha sido refutado, demostrando que los cristianos pueden tener demonios y necesitan liberarse de ellos.

NOSOTROS NO TENEMOS POR QUÉ SER ATORMENTADOS

"Entonces, llamándole su señor, le dijo: Siervo malvado, toda aquella deuda te perdoné, porque me rogaste

¿No debías tú también tener misericordia de tu consiervo, como yo tuve misericordia de ti? Entonces su señor, enojado, les entregó a los verdugos, hasta que pagase todo lo que le debía. Así también mi Padre celestial hará con vosotros si no perdonáis de todo corazón cada uno a su hermano sus ofensas".

—Mateo 18:32–35

Esta es la historia de un hombre al que se le había perdonado mucho, pero como no extendió el perdón a su sirviente, fue entregado a los verdugos. Los verdugos representan a los demonios. En siglos pasados, cuando una persona tenía una deuda, podía ser encarcelada y luego entregada a los verdugos (gente contratada para torturar, acosar y humillar a las personas en prisión). Aunque hoy en día no tenemos prisiones de deudores, se nos puede demandar o confiscar el sueldo debido a cierto tipo de deudas. A nadie le gustaría que su vida fuera atormentada por el enemigo. Así que necesitamos sanar desde la raíz la amargura producida por el rechazo, y que nos impide perdonar. Este perdón es un don de Dios.

Pero como muchos no son capaces de perdonar, son entregados a los verdugos de la dolencia y la enfermedad.

NUESTRA AMARGURA E INDISPOSICIÓN A PERDONAR MATAN

La conexión entre el rechazo, la rebelión, la amargura y las enfermedades físicas y psicológicas no es nueva para el ministerio de liberación. En el campo médico, está conexión es cada vez más reconocida. Pero lo bueno es que ya existe una enorme biblioteca de investigaciones que demuestran la relación que hay entre el rechazo y las dolencias físicas, la cual puede ser utilizada por quienes la necesiten.

El rechazo, la amargura, el resentimiento y el no querer perdonar abren la puerta a la artritis, el cáncer, los trastornos autoinmunes, y muchas otras enfermedades. Sin embargo, en mis casi cuarenta años en el ministerio de liberación, los dos problemas principales de salud que he encontrado en personas amargadas son el cáncer y la artritis. No estoy diciendo que todos los que tienen estas enfermedades están lidiando con la amargura, el rechazo o cualquier otro demonio. Estoy diciendo que estos problemas espirituales *podrían ser* la causa principal. El Espíritu de Dios nos ha revelado este tipo de conexiones, y hemos visto a muchos curarse de estas enfermedades a través del ministerio de liberación.

Otro aspecto interesante es que cuanto más envejecemos, más probable es que nuestros cuerpos empiecen a ceder ante el peso de cosas como la amargura y la ira, y comencemos a desarrollar algunas de estas enfermedades. A veces las tratamos como dolencias que llegan con la vejez, pero en realidad es la amargura prolongada la que causa estos problemas de salud.

La ira y la rabia, ambas producto de la amargura, tienen profundos efectos sobre el sistema nervioso autónomo y el sistema inmunológico. Nuestro sistema inmunológico, por supuesto, es el que nos protege de enfermedades y dolencias. Cuando nuestro sistema inmunológico no está funcionando correctamente, las posibilidades de enfermarnos aumentan. Cuando estamos llenos de ira, rabia o miedo, el nivel de adrenalina en nuestra sangre crece para preparar a nuestro cuerpo para luchar o correr. A esto se le conoce como el síndrome de lucha o huida. En este estado nuestra respuesta inmune es baja. Si esta reacción continúa durante períodos prolongados, nos podemos enfermar. Sentir ira, miedo, e incluso estrés, es algo normal para muchos en nuestra sociedad, pero la verdad es que son sentimientos destructivos.

Usted probablemente ha escuchado hablar sobre la enfermedad o los trastornos autoinmunes. La amargura, la indisposición a perdonar y el rechazo propio son las raíces espirituales de estos males.

Las respuestas autoinmunes se producen cuando nos volvemos alérgicos a ciertas partes de nuestro cuerpo. Esto sucede cuando nuestro propio cuerpo se vuelve contra nosotros mismos y nos ataca con enfermedades como la artritis, la fibromialgia, el lupus, ciertos problemas del corazón, algunos tipos de cáncer, la diabetes tipo 1 y diversas alergias. Anteriormente se conocía estos padecimientos como "enfermedades del colágeno", que ahora se denominan "enfermedades autoinmunes".

La amargura proviene de la ira y la rabia reprimidas, que por lo general se originan en la incapacidad de perdonarnos a nosotros mismos, a otros o a Dios. Esto significa que cualquier área de nuestro cuerpo es un objetivo potencial para el enemigo. En el gráfico titulado "El espíritu del rechazo conoce al espíritu de la enfermedad", he enumerado algunos padecimientos físicos que son el resultado de la amargura y de nuestra indisposición a perdonar, así como otros demonios que se encuentran en el rechazo, la rebelión y los cúmulos de amargura.[2]

Note que muchos de los problemas se repiten. El diablo viene a robar, a matar y a destruir. Él sabe cómo destruir a una persona. El rechazo le abre la puerta a todos los problemas espirituales que hemos enumerado. He clasificado las enfermedades según los problemas que se producen en el cuerpo. La lista no es exhaustiva, y no estoy tratando de dar consejos o diagnósticos médicos. Pongamos esta información delante del Señor y busquemos la dirección del Espíritu Santo en relación con la forma en que nuestro cuerpo o el de un ser querido puede verse afectado por los espíritus que actúan dentro de la familia de los demonios del rechazo. Y recuerde que el hecho de que se nos haya diagnosticado o que suframos de alguna de estas enfermedades, no significa que automáticamente tienen una raíz espiritual. Por esta razón el discernimiento es la clave.

EL ESPÍRITU DEL RECHAZO CONOCE EL ESPÍRITU DE LA ENFERMEDAD	
ENFERMEDADES	**ORIGEN ESPIRITUAL**
PROBLEMAS DEL CORAZÓN	
Ataque al corazón, bloqueo cardíaco, ritmo cardíaco irregular, dolor en el pecho, dolor en el esternón, paro cardíaco	Miedo y duda
Aneurismas y accidentes cerebrovasculares, ruptura de vasos sanguíneos	Rabia, ira, hostilidad, rechazo propio, y amargura
Angina de pecho, presión arterial alta	Miedo, estrés, ansiedad, paranoia, e ira
Problemas de colesterol	Ira, paranoia y miedo; retención, insuficiencia, insignificancia, tristeza, desprecio propio, reprimirse.
Insuficiencia cardíaca congestiva (Lucas 21:26)	Miedo, ansiedad, amargura y rechazo propio
PROBLEMAS DIGESTIVOS	
Anorexia, bulimia, gula, problemas de peso; atracones de comida, comer anormalmente en secreto, comer compulsivamente, ayuno no espiritual y purga	Odio a uno mismo, rechazo propio, amargura, falta de autoestima, inseguridad, adicción, comportamiento compulsivo, lástima por uno mismo, pereza, gratificación propia, miedo a la desaprobación, rechazo, sensación de falta de amor, frustración, nerviosismo, resentimiento, orgullo; control, brujería, automutilación, amargura

EL ESPÍRITU DEL RECHAZO CONOCE EL ESPÍRITU DE LA ENFERMEDAD	
ENFERMEDADES	**ORIGEN ESPIRITUAL**
Enfermedad de Crohn, colitis ulcerosa, reflujo ácido, colitis mucosa, colon espástico	Miedo, abandono, rechazo, rechazo hacia uno mismo, amargura y odio a uno mismo
Cáncer de colon	Amargura y calumnia
Úlceras	Miedo, estrés y ansiedad
TRASTORNOS DEL SISTEMA INMUNOLÓGICO	
Diabetes tipo 1, esclerosis múltiple, artritis reumatoide, lupus, fibromialgia, enfermedad de Crohn, trastornos de la tiroides, y otros comportamientos anormales de los glóbulos blancos[3]	Odio a uno mismo, culpa, conflictos con uno mismo, rechazo a uno mismo, amargura[4]
Diabetes	Insatisfacción; enojo; rechazo; odio a uno mismo; sensación de haber sido abusado, rechazado, abandonado; sentimientos de culpa; crítica y un espíritu de descontento; rechazo de un padre, esposo, o un hombre
Resfriados, gripes, virus	Estrés, desilusión, duda, culpa
Leucemia	Amargura arraigada, resentimiento y odio hacia uno mismo como consecuencia del rechazo por parte de uno de los padres[5]
Alergias	Miedo, indisposición a perdonar, sentimientos de insuficiencia, insignificancia, tristeza, ansiedad y estrés

EL ESPÍRITU DEL RECHAZO CONOCE EL ESPÍRITU DE LA ENFERMEDAD	
ENFERMEDADES	ORIGEN ESPIRITUAL
PROBLEMAS DE LA PIEL	
Acné, erupciones, forúnculos, eczema, herpes zóster y la psoriasis	Miedo y ansiedad
PROBLEMAS MUSCULARES	
Tensión muscular, espasmos o dolor	Miedo, ansiedad y estrés
TRASTORNOS MENTALES, NERVIOSOS, O SENSORIALES	
Problemas del oído, zumbido en los oídos	Brujería, ocultismo
Esclerosis múltiple	Odio intenso hacia uno mismo, vergüenza, amargura, rechazo a uno mismo
Problemas oculares	Dolor (Sal. 6:7; 31:9).
PROBLEMAS DEL APARATO REPRODUCTOR	
Cáncer de mama, de ovario, de próstata o uterino	Ira, culpa, odio por uno mismo, amargura, necesidad de ser amados, ser rechazados, promiscuidad, inmundicia, conflictos con uno mismo, rechazo hacia uno mismo[6]
ENFERMEDADES Y TRASTORNOS ÓSEOS	
Osteoporosis	Amargura, envidia y celos (Pr. 12:4; 14:30).[7]

EL ESPÍRITU DEL RECHAZO CONOCE EL ESPÍRITU DE LA ENFERMEDAD	
ENFERMEDADES	ORIGEN ESPIRITUAL
Artritis reumatoide	Amargura, indisposición a perdonar, rechazo y odio hacia uno mismo, culpa,[8] estrés, amargura, indisposición a perdonarse uno mismo, miedo a uno mismo, no querer hacer frente a los conflictos

REVELACIÓN DE LA CURACIÓN EN MARA

Dios es un médico. Él quiere restaurarnos para que podamos tener vida en abundancia. Él no quiere que vivamos una vida destruida por el rechazo, ni que tengamos que llevar nuestras heridas durante toda la vida. Él quiere endulzar los lugares amargos de nuestra existencia, así como lo hizo para el pueblo de Israel en Mara:

"Y llegaron a Mara, y no pudieron beber las aguas de Mara, porque eran amargas; por eso le pusieron el nombre de Mara. Entonces el pueblo murmuró contra Moisés, y dijo: ¿Qué hemos de beber? Y Moisés clamó a Jehová, y Jehová le mostró un árbol; y lo echó en las aguas, y las aguas se endulzaron. Allí les dio estatutos y ordenanzas, y allí los probó; y dijo: Si oyeres atentamente la voz de Jehová tu Dios, e hicieres lo recto delante de sus ojos, y dieres oído a sus mandamientos, y guardares todos sus estatutos, ninguna enfermedad de las que envié a los egipcios te enviaré a ti; porque yo soy Jehová tu sanador".

—ÉXODO 15:23–26

Esta es la primera vez que Dios se revela a su pueblo como Jehová Rafa, el Señor nuestro Sanador. Este es el lugar donde el Señor traza una línea paralela entre la amargura y la curación. El nombre *Mara* significa "amargo" y se refiere al manantial o pozo de agua amarga que el pueblo de Israel encontró después de su éxodo de Egipto.[9]

La palabra *mara*, que se utiliza en todo el Antiguo Testamento, significa "amargo, cambio, ser desobediente, desobedecer, dolorosamente, provocación, provocando".[10] Más adelante se utiliza con una connotación causativa: hacer amargo, ocasionar rebeldía, provocar. Luego, en sentido figurado, significa resistir, rebelarse.

Para sanar las aguas de Mara, Dios le dio instrucciones a Moisés de que lanzara un trozo de madera en ellas, y entonces las aguas se endulzaron (Éx. 15:23–25, NTV). El madero representa a Jesucristo y su cruz. Dos sufrimientos que Jesús tuvo en la cruz redentora fueron los golpes y el rechazo. Parte de su sufrimiento por nosotros consistió en recibir el rechazo de los hombres y de su propia nación, Israel. Fue despreciado y vapuleado. Así que parte de la redención que Cristo vino a traer y parte de su sufrimiento, consistió en recibir el rechazo de su propio pueblo. Cristo tuvo que enfrentar todo lo que nosotros enfrentamos para que en Él nuestra salvación fuera plena y completa. La Biblia no miente cuando dice que Cristo está familiarizado con nuestras enfermedades y dolores. Si hay alguien que conoce nuestro sufrimiento y se preocupa por nosotros, es Jesús.

Así que, independientemente de lo que estemos enfrentando en la vida; sea rechazo, dolor o amargura; todo puede ser restaurado y sanado. La redención llevada a cabo en la cruz endulza las aguas. El madero, que representa la cruz en la que Cristo fue colgado, endulza la vida de cada persona que acepta su sacrificio. A través de la salvación; que incluye la liberación de la amargura, la ira, el resentimiento, el rechazo, el orgullo y la rebelión; la vida se vuelve dulce. De eso se trata la liberación. Liberación es salvación, es sanidad y es restauración. Dios quiere aliviar nuestras dolencias. Él no quiere que vivamos una vida desastrosa. Jesús salva, sana, libera, restaura y unifica.

No tenemos por qué envejecer enfermos, amargados y mezquinos. Algunos se preguntan por qué ciertas personas mayores siempre están de mal humor. Es solo la manifestación de la amargura. A lo largo de su vida no han superado ninguna de las dificultades por las que han atravesado, y cuando alcanzan cierta edad, se vuelven malos y gruñones. Tendemos a pensar que esto forma parte del proceso de envejecer. No, no lo es. Solo son viejos demonios.

No tenemos que estar viejos, amargados, enfermos y estropeados. Si envejecemos sintiendo que tenemos derecho de odiar a todo el mundo, entonces el diablo tiene derecho a destruir nuestra vida. Esa no es la manera en que Dios quiere que su pueblo viva. La liberación está aquí. Hoy es el día de nuestra salvación. Podemos liberarnos y vivir llenos de alegría y amor, incluso en la vejez.

No es de extrañar entonces que Dios, en su gran amor hacia nosotros, se revele al pueblo de Israel como su sanador ante las aguas de Mara. La amargura y la sanidad van de la mano. Israel acababa de salir de Egipto, dando punto final a cuatrocientos años de esclavitud. Cuando se está en cautiverio durante tanto tiempo, hay una gran probabilidad de que se albergue rencor y resentimiento hacia aquellos que causaron el cautiverio. Pero Dios se hace cargo de nuestra amargura y nos da dulzura a cambio, alegría por dolor y belleza por cenizas.

Perdonar por la fe

Hay algunas situaciones en la vida en las que no es fácil perdonar, soltar el rencor y seguir adelante. Pero esto es exactamente lo que tenemos que hacer si queremos romper el ciclo destructivo del rechazo en nuestras vidas. Cuando nos negamos obstinadamente a dejar el rencor contra alguien, cuando nos rehusamos a la liberación y a perdonar, diciendo: "Nunca voy a perdonar a esa persona. Siempre la odiaré. No la voy a liberar de la culpa. No dejaré pasar lo que me hizo. Tú no sabes lo que sucedió. No tienes idea de lo que me hizo. Tengo derecho a sentirme así. Tengo derecho a estar enojado. Tengo derecho a estar molesto con este individuo. No lo voy a perdonar". Esto significa que hemos elegido mantenernos alejados del perdón. La Biblia dice: "Y como ídolos e idolatría *es* la obstinación" (1 S. 15:23). El mandato de Dios es perdonar.

Quizás pensamos que no podemos perdonar porque no sentimos el deseo de hacerlo. La verdad es que hay una gran cantidad de cosas que tenemos que hacer por fe. No podemos dejarnos dirigir por las ganas, porque tal vez tenemos ganas de golpear a alguien en la cara. Para nosotros, el perdón no solo es un acto de fe, sino también un acto de voluntad. Tal vez tengamos que actuar diciendo que perdonamos a quien nos agravió y luego, con la fuerza de Dios, hacerlo de verdad. El perdón y la liberación traerán sanidad a nuestro espíritu, nuestra alma y nuestro cuerpo.

Soltemos la culpa y la vergüenza

La culpa es la raíz de un sinfín de enfermedades, así como de la infelicidad. Como tal vez se dio cuenta, la culpa aparece más de una vez en la tabla "El espíritu de rechazo conoce al espíritu de la enfermedad". La culpa es una de las peores cosas que pueden existir en la vida. Proviene de la condena, la vergüenza, la falta de dignidad, la baja autoestima y los sentimientos de inferioridad (soy lo peor, no sirvo para nada, siempre soy el último, soy inseguro, nunca soy suficientemente bueno). Hay individuos que viven la vida sintiéndose culpables por cosas que hicieron hace muchos años. Nunca se han perdonado por algo que hicieron o dejaron de hacer. Literalmente, se autocastigan. Se sienten indignos y avergonzados; sentimientos que a menudo desembocan en el rechazo propio.

La culpa es un demonio terrible. Si usted sabe que alberga sentimientos de culpa, vergüenza, arrepentimiento o falta de dignidad, tiene que liberarse. Pídale a Dios que lo perdone, y pídale perdón a los que pudo haber herido. Pero lo más importante que hay que hacer para experimentar una victoria completa es perdonarse a sí mismo. Esta es la parte más difícil para muchos. Creen que Dios los perdona y aceptan el perdón de otras personas, pero no pueden perdonarse a sí mismos. Este es el punto en el que aceptamos la justicia de Cristo por fe y por decisión, confesándolo todos los días si es necesario, hasta que realmente la asumamos.

DEJE QUE JESÚS LO CUBRA

Todos hemos hecho cosas de las que no estamos orgullosos, pero no debemos olvidar que cuando hemos hecho todo lo posible por hacer las cosas bien, Jesús es nuestra justicia. Él nos cubre. Si no recibimos esto en el espíritu, estamos propensos a que muchos de los problemas de salud física que he mencionado antes, nos afecten. Ya dije que existe una estrecha conexión entre el espíritu, el alma y el cuerpo. La Biblia asegura: "Amado, yo deseo que tú seas prosperado en todas las cosas, y que tengas salud, así como prospera tu alma" (3 Jn. 2). Nuestra alma es nuestra mente, nuestra voluntad y nuestras emociones. Si nuestra alma no está saludable, y el dolor, la vergüenza, la culpa, el miedo y el rechazo nos superan, el cuerpo finalmente se verá afectado. Esto no siempre sucede de un día para otro. Cuanto más tiempo carguemos con estas cosas, mayor será el daño.

Es por eso que muchas de estas enfermedades se manifiestan en la adultez. Los cuerpos jóvenes pueden resistir algunos traumas espirituales mejor que los cuerpos más viejos, que han llevado los problemas durante más tiempo. Yo personalmente creo que no es necesario que nos volvamos enfermizos a medida que envejecemos. No creo que Dios haya diseñado nuestro cuerpo para que se deterioraran. No creo que Él nos haya creado para sufrir en nuestros años dorados. Pero sí creo que muchos enferman con el paso de los años por acarrear culpas, resentimiento, ira y otros espíritus negativos año tras año, hasta que sus cuerpos comienzan a manifestarlo físicamente.

El rechazo propio, la autocompasión, la amargura y el odio hacia uno mismo también aparecen varias veces en la lista de las raíces espirituales. Algunos piensan que estos espíritus no son tan malos como el demonio de la lujuria. Pero lo cierto es que pueden hacer tanto daño a nuestra vida como la lujuria. Tal vez el rechazo propio, la autocompasión y el odio hacia uno mismo no se manifiestan como los pecados morales como la lujuria, la fornicación, el adulterio o la homosexualidad. Pensamos que los demonios morales son los peores. Cuando la gente confiesa que está luchando con esta clase de problemas, le damos una palmadita en la espalda y le decimos: "Ten ánimo. Todo va a estar bien". Acariciamos a estos demonios, pero este tipo de demonios puede ocasionar que sus víctimas se autodestruyan. Debemos tomarlos en serio y expulsarlos.

En el caso de algunos problemas de salud como el cáncer, la artritis, la diabetes tipo 1 y ciertas enfermedades del corazón, se sabe que el cuerpo se ataca a sí mismo, y hemos descubierto las razones espirituales por las que lo hace. Obviamente, no sé de donde provienen todos los padecimientos y las dolencias. No soy un experto en el campo médico, lo que estoy señalando es la muy real conexión que existe entre nuestro estado espiritual y nuestra salud.

Aún hay muchas cosas que incluso los médicos están aprendiendo sobre esta conexión. Existen muchas enfermedades, como la enfermedad autoinmune, cuyas causas físicas son difíciles de encontrar. A veces se pasa toda la vida sin un diagnóstico. Lo que los médicos e investigadores están descubriendo en muchos de estos casos, es la relación que hay entre el espíritu, la mente y el cuerpo. Algunos problemas comunes, como la ira reprimida, la indisposición a perdonar, el resentimiento, la amargura, la culpa, la vergüenza, el miedo, la inseguridad, el trauma, el abuso y los problemas de identidad, son considerados causantes de muchas de las enfermedades que los médicos habían encontrado difíciles de diagnosticar y tratar en el pasado.

No se enumeran todas las enfermedades y padecimientos en este capítulo, pero mi intención es que usted pueda recibir ayuda y descubrir las causas fundamentales de los problemas de salud más comunes. Dios le dará la gracia para discernir problemas específicos, y revelación por medio de su Espíritu para liberarse de cualquier espíritu demoníaco que lo amenace. El Salmo 144:1 dice que Él prepara nuestras manos para la guerra. En otras palabras, Él nos proporciona todo lo que necesitamos para ganar las batallas que enfrentamos.

[PARTE II]

LIBERACIÓN Y RESTAURACIÓN

CAPÍTULO 8

¡EL RECHAZO DEBE IRSE!

*"Oh Dios, tú nos has rechazado, nos has quebrantado, te
has airado. Restáuranos, oh Dios".*

—SALMO 60:1

OMO YA VIMOS, todos hemos sido rechazados de una u
otra forma. Para evitar que el rechazo destruya nuestras
vidas, debemos poder identificar las causas e ir en contra
de los demonios del rechazo, el miedo al rechazo, el rechazo propio, el rechazo hereditario, las raíces del rechazo y los
espíritus que llegan con el rechazo: el dolor, la ira, la amargura, la rabia, el orgullo, el miedo, y la rebelión, entre otros.
Todas estas cosas pueden atormentarnos. Jesús no quiere que
estemos atormentados, sino que seamos liberados. No estamos
solos. Muchísima gente necesita liberarse de los demonios del
rechazo. Dios quiere liberarnos a todos de este espíritu para
que podamos traer liberación a nuestras familias, amigos y a
quienes nos rodean.

VERDADES ESPIRITUALES QUE NOS LIBERAN DEL RECHAZO

La Biblia dice: "Así que, si el Hijo os libertare, seréis verdaderamente libres" (Jn. 8:36). Por medio de Cristo hemos sido
liberados de todo obstáculo demoníaco y de todo ataque. La

Biblia nos enseña cómo liberarnos del rechazo y avanzar hacia una vida de aceptación en el Amado. Veamos cómo podemos ser liberados por la verdad en la Palabra de Dios.

El conocimiento revelado

Ya hemos demostrado cómo la falta de conocimiento conduce a la destrucción. Por lo tanto, buscar el conocimiento de Dios trae liberación. Proverbios dice: "Mas los justos son librados con la sabiduría" (Pr. 11:9). El enemigo trabaja horas extra para evitar que adquiramos conocimientos. Él no quiere que aprendamos sobre liberación, ni sobre el mundo de los demonios, porque él y sus demonios son criaturas de la oscuridad: "Porque no tenemos lucha contra sangre y carne, sino contra principados, contra potestades, contra los *gobernadores de las tinieblas de este siglo*" (Ef. 6:12, itálicas añadidas). Satanás solo puede gobernar donde hay oscuridad o ignorancia, así que la luz y la revelación exponen y debilitan su poder. Podemos fraccionar su poder sobre nuestras vidas si sabemos dónde está y cómo opera.

Las iglesias no están enseñando sobre liberación. No hay revelación en este aspecto y la gente sigue en atadura, titubeando en la oscuridad. Los que estudian y aprenden sobre liberación no solo reciben la liberación, sino que están preparados para ministrarla. Se convierten en una amenaza para el reino de la oscuridad.

El propio rechazo de Cristo

Cuando Jesús vino a la tierra, no fue bien recibido. Incluso su propio pueblo lo rechazó. Isaías 53:3 dice que Él fue despreciado y desechado entre los hombres. Esto, con la finalidad de que nosotros pudiéramos ser liberados del rechazo. Él llevó nuestro rechazo sobre sus hombros para que nosotros pudiéramos ser liberados de él. Cristo sufrió todas sus formas existentes. Él está familiarizado con nuestro rechazo, nuestro dolor y nuestra pena. El rechazo más grande ocurrió cuando dijo: "Dios mío, Dios mío, ¿por qué me has desamparado?" (Mt. 27:46). Fue en ese momento que Él se hizo pecado y experimentó el rechazo divino. El padre no podía aceptarlo porque todos los pecados del mundo estaban sobre él. Dios siempre rechaza el pecado. Jesús se hizo pecado, experimentó el rechazo, padeció y fue golpeado y herido para librarnos del rechazo.

El rechazo es un reducto poderoso, y la aceptación en Cristo es el aspecto central de la liberación y la salvación. Gracias al rechazo de Cristo, podemos ser aceptados en el Amado. Podemos ser aceptados por medio de la sangre de Jesús y podemos ser aceptados por medio de la gracia. No tenemos que perfeccionarnos a través del legalismo o la observancia de leyes. Podemos ser aceptados por medio de la fe.

"Según nos escogió en Él antes de la fundación del mundo, para que fuésemos santos y sin mancha delante de él, en amor habiéndonos predestinado para ser adoptados hijos suyos por medio de Jesucristo, según el puro afecto de su voluntad, para alabanza de la gloria de su gracia, *con la cual nos hizo aceptos en el Amado*".

—EFESIOS 1:4–6,
ITÁLICAS AÑADIDAS

Esta es la gran bendición del cristianismo. Es la única religión que enseña la salvación por medio de la gracia. Todas las demás religiones enseñan la salvación por medio de las obras; es decir, de alguna manera el hombre tiene que ganarse el favor de Dios. No, nuestra salvación es por gracia y por fe. Jesús ganó esa salvación para nosotros y podemos recibirla por medio de la fe. Es por ello que aceptar a Cristo es el único camino para llegar a Dios. Él es el único fundamento de la salvación. Todos los demás aspectos son falsos, basados en el engaño y abren la puerta al rechazo. Las personas atadas por el rechazo creen que nunca podrán llegar a ser lo que agrada o aplaca a Dios, según lo que se les enseñe. El rechazo siempre nos impulsa a tratar de hacer las cosas a nuestro modo para ser aceptados por Dios, pero solo nos programamos para fracasar.

La religión hace que la gente crea que Dios siempre está enfadado con ellos, que Él está allí para castigarnos por no cumplir con todos sus mandamientos. El cristianismo, cuando se practica de forma incorrecta, puede conducir a este tipo de religiosidad. Muchos han sido lastimados por iglesias que operan bajo una religiosidad estricta, fabricada por el hombre. Siempre que el hombre trate de interpretar lo que Dios quiere, en vez de recibir *sus* planes y propósitos por medio de la fe, entramos en el ámbito de la religión.

Observemos la religión del Islam. Los musulmanes tienen que rezar cinco veces al día e ir a La Meca al menos una vez en su vida. Tienen que hacer esto y lo otro, siempre haciendo algo, tratando de ganarse el amor de Alá. Ismael es el padre del pueblo árabe, del cual muchos son musulmanes. No olvidemos que Ismael fue rechazado por Dios como el hijo de la promesa de Abraham, así que un espíritu de rechazo se instaló en su linaje. Esa raíz del rechazo ha provocado que toda una cultura viva engañada pensando que pueden ganar su acceso al cielo. La buena noticia es que existe la liberación por medio de Jesucristo.

Observemos el sistema de castas de la India. Está cargado de rechazo. En el hinduismo, es necesario estar en la casta correcta. Si estamos en una casta inferior, seremos víctimas del rechazo. A los hindúes se les enseña que si actúan bien en esta vida, pueden regresar como algo mejor en la próxima. Así que siempre hay una orientación hacia el desempeño en esa cultura. Trabajan para ser perfectos y para ser aceptados.

Eso es lo que hacen las personas rechazadas: trabajan, trabajan y trabajan para que la sociedad, Dios o las demás personas los acepten. La verdad es que solo podemos ser aceptados por la gracia, la fe y la piedad. Tenemos que ser liberados de cualquier espíritu que trate de hacer que actuemos de cierta manera para que la sociedad u otras personas nos acepten. Ahora bien, esto no quiere decir que no debemos hacer lo correcto para ser aceptados; simplemente significa que el deseo de ser aceptados no debe controlar y dominar nuestra vida. Si lo hace, entonces es demoníaco.

Oración de guerra espiritual

La oración es un arma muy poderosa en la lucha contra el rechazo, ya que nos lleva a la presencia de Dios. Ella abre nuestro espíritu para que escuche la verdad de nuestra aceptación por medio de Cristo. La oración establece el ser interior.

El Salmo 144:1 es un pasaje que debemos declarar constantemente a lo largo de nuestra vida, pues nos ayudará a luchar contra la oposición espiritual que pueda venir sobre nosotros. Mencioné este versículo al final del último capítulo. El versículo dice en su totalidad: "Bendito sea Jehová, mi roca, quien adiestra mis manos para la batalla, y mis dedos para la guerra". Debemos declarar, creer y confiar en que Dios nos dará la estrategia para vencer el rechazo.

En la guerra espiritual, uno de los salmos más inspiradores es el Salmo 18. Confesar algunos de los versículos claves de este capítulo edifica nuestra fe y nos ayuda a producir una gran liberación en nuestras vidas. El versículo 19, por ejemplo, dice que la liberación nos lleva a un lugar grande o amplio.

No sé si usted ha adquirido los libros de la serie *Oraciones para la batalla espiritual*. Las oraciones que aparecen en esos libros fueron concebidas cuando el Señor me llevó a su Palabra y me dio instrucciones de que repitiera salmos como el Salmo

144 y el Salmo 18. La Biblia está llena de pasajes que edifican la fe, el valor y el aplomo para destruir todas las obras del enemigo.

A veces, el enemigo quiere confinarnos, restringirnos y limitarnos, pero a través de la guerra espiritual podemos romper las limitaciones. Podemos pedirle a Dios que nos libere de los demonios que bloquean y obstruyen el camino, para poder entrar en un lugar más grande. El rechazo es uno de los demonios que nos dificulta avanzar al siguiente nivel en nuestras vidas. "Has hecho que mis enemigos me vuelvan las espaldas, para que yo destruya a los que me aborrecen" (Sal. 18:40).

En 2 Samuel 19:3 encontramos otro pasaje muy útil en el ministerio de liberación de nuestra iglesia, porque a veces el enemigo trata de introducir el rechazo en nuestra vida de forma sutil o cuando estamos distraídos, logrando entrar inadvertidamente. Los bombarderos espías pasan por debajo del radar, haciendo que sea difícil detectarlo. El ejército ha desarrollado la tecnología "stealth" que facilita el acceso de equipos militares a una región, sin que puedan ser detectados. Así le animo a que confiese 2 Samuel 19:3 para exponer, atar y expulsar el demonio del rechazo que intentará colarse en su vida sin que usted se dé cuenta. Este versículo funciona contra cualquier espíritu demoníaco que intente entrar en su vida de manera sigilosa.

La unción de Dios

El Salmo 18:50, dice: "Grandes triunfos da a su rey, y hace misericordia a su ungido". Si estamos salvados y bautizados en el Espíritu Santo, somos los ungidos de Dios. Por lo tanto, Dios desea liberarnos cada vez que el enemigo nos ataque. Podemos orar: "Dios, yo soy tu ungido, dame poder sobre el espíritu de rechazo". Él lo hará, tendrá compasión de nosotros y nos dará la victoria sobre ese espíritu.

Persistencia

"Perseguí a mis enemigos, y los alcancé, y no volví hasta acabarlos".

—SALMO 18:37

Esto es perseverancia. Esto es ser una persona que no se rinde, ni tiene miedo del enemigo. Tales personas no se detienen hasta que el enemigo ha sido superado y derrotado, llámese brujería, enfermedad, pobreza o rechazo. Tomemos la decisión de mantener un espíritu perseverante y tenaz en contra de las acechanzas del enemigo. No debemos retirarnos hasta que lo que sea que esté atacando nuestras vidas quede completamente aniquilado por el poder de Dios.

Autoridad en el Espíritu

Uno de los principios más importantes de la batalla espiritual es el uso de nuestra autoridad contra el enemigo. Jesús dijo: "He aquí *os* doy potestad [*potestad* es la palabra griega *exousia*, que significa 'autoridad'] de hollar serpientes y escorpiones, y sobre toda fuerza del enemigo, y nada os dañará" (Lc. 10:19). Ahora bien, algunos afirman que no pueden ser lastimados por el enemigo, porque Jesús dice: "Yo os doy la potestad". Pero eso solo funciona si utilizamos la autoridad.

El hecho de que se nos haya dado autoridad, no significa que la estemos utilizando. Si no ejercemos nuestra autoridad, no podemos recibir lo que describe la segunda parte de ese versículo, que dice "nada os dañará". Debemos ejercer nuestra autoridad, y una de las maneras de hacerlo es a través de la oración, atando y desatando, y formulando órdenes y decretos de forma oral. Así que es importante ejercer nuestra autoridad sobre el enemigo de forma constante.

¿Recuerda la historia de los endemoniados gadarenos en Mateo capítulo 8? Aparecen dos endemoniados en esta narración. La Biblia dice que bloquearon el camino. Esos dos hombres endemoniados no dejaban que nadie pasara por allí. Es una ilustración de cómo los demonios tratan de bloquear nuestro camino. Debemos atar y reprender en el nombre de Jesús cualquier demonio que trate de bloquear nuestra ruta o camino.

El Salmo 91:13, dice: "Sobre el león y el áspid pisarás; hollarás al cachorro del león y al dragón". El enemigo está bajo nuestros pies. Esto representa la autoridad total y la victoria. Aprópiese de esta confesión, y avance en victoria y en el poder de Dios.

¡LIBÉRESE!

Dios quiere liberarnos del espíritu de rechazo para que podamos traer liberación a nuestras familias, amigos y a quienes nos rodean. Jesús dijo: "El Espíritu del Señor está sobre mí, por cuanto me ha ungido para dar buenas nuevas a los pobres; me ha enviado a sanar a los quebrantados de corazón, a pregonar libertad a los cautivos" (Lc. 4:18). Él nos transmitió esta responsabilidad a nosotros también.

Pero primero debemos ministrarnos liberación a nosotros mismos. Jesús habló de esto cuando dijo: "¡Hipócrita! saca primero la viga de tu propio ojo, y entonces verás bien para sacar la paja del ojo de tu hermano" (Mt. 7:5). Esa frase: "saca la paja del ojo de tu hermano" significa, en otros pasajes de la Biblia, expulsar demonios. Es la palabra griega *ekballō*, que significa "expulsar o arrojar".[1]

Debemos estar en capacidad de identificar las causas del rechazo para poder atacar los demonios del rechazo, el miedo al rechazo, el rechazo propio, el rechazo hereditario, las raíces del rechazo, así como los espíritus que llegan con él: el dolor, la ira, la amargura, la rabia, el orgullo, el miedo y la rebelión, entre otros. Todas estas cosas pueden atormentarnos. Este no es el plan de Dios para nosotros. Él quiere que seamos libres. No estamos solos. Hay demasiada gente que necesita ser liberada de estos demonios de rechazo, así como de los demonios que los acompañan. Y a veces el secreto para su liberación reside primeramente en nosotros. Podemos trazar un camino para la liberación y hacer que nuestro testimonio edifique la fe de los demás en pro de su propia liberación.

CAPÍTULO 9

LA RECONSTRUCCIÓN DE LAS PUERTAS Y LOS MUROS

"Entonces temí en gran manera y dije al rey: 'Para siempre viva el rey. ¿Cómo no estará triste mi rostro, cuando la ciudad, casa de los sepulcros de mis padres, está desierta, y sus puertas consumidas por el fuego?'. Me dijo el rey: '¿Qué cosa pides?' Entonces oré al Dios de los cielos, y dije al rey: 'Si le place al rey, y tu siervo ha hallado gracia delante de ti, envíame a Judá, a la ciudad de los sepulcros de mis padres, y la reedificaré'".

—NEHEMÍAS 2:2–5

NEHEMÍAS FUE HECHO prisionero y sirvió como copero de Artajerjes, rey de Babilonia. Su historia se desarrolló setenta años después de que Jeremías profetizara el cautiverio de Israel y después de sus lamentaciones. Israel estuvo a punto de ser liberado de Babilonia por decreto del rey Ciro de Persia, a quien Dios suscitó para que el pueblo retornará a Jerusalén y a sus muros. Este regreso es el reflejo de nuestra reconstrucción espiritual luego del juicio y la desolación que resultan de los ataques del enemigo.

En el capítulo 1 de Nehemías vemos que él recibe una carga. Luego de escuchar sobre el sufrimiento del pueblo y la desolación de la tierra—la ciudad fue quemada y tanto los muros como las puertas fueron destruidos—, Nehemías se hundió en llanto y comenzó el ayuno y el luto. Al verlo abatido, el rey le preguntó: "¿Qué te acontece?".

El rey no era judío, sino pagano, pero el hecho de que Dios reina sobre todos los reyes, hizo nacer en el corazón de Artajerjes el anhelo de reedificar todo lo que había sido destruido en la ciudad. En virtud de ello, tan pronto Nehemías le contó al rey lo que lo perturbaba—la ciudad estaba en ruinas, las puertas habían sido quemadas y los muros destruidos, por lo que no tendría descanso, dadas las condiciones en las que se encontraba la ciudad que amaba—el rey se decidió a conferirle el permiso oficial, incluyendo recursos y tropas, para que retornará a su tierra y reconstruyera los muros. De hecho, el rey ordenó a su ejército que acompañara a Nehemías, ya que Babilonia se encontraba retirada de Jerusalén y habían naciones entre ambas ciudades que eran conocidas por ser hostiles con los judíos, las cuales no querían que se realizara la reedificación de Jerusalén.

Una de las cosas que usted debe comprender si cree en Dios para reconstruir su vida es que el enemigo lo va a atacar para evitar su recuperación. No se lo hará sencillo. Es por eso que usted debe estar decidido.

En este capítulo utilizaré la historia de Nehemías para ilustrar lo que significa para el espíritu la reedificación de puertas y muros en la vida de un individuo. Las ciudades en los tiempos de Nehemías tenías muros y puertas físicas para protegerlos de sus enemigos. En las noches se cerraban las puertas y había vigilantes en los muros. En espíritu, somos como esas ciudades: si nuestras puertas y muros espirituales son destruidos, el enemigo tendrá acceso a nuestras vidas.

Las puertas y los muros representan la protección y los puntos de acceso hacia la ciudad. Cuando nuestros muros son destruidos por el pecado, la rebelión, el trauma, el abuso o el rechazo, no hay protección alguna en contra del enemigo, y queda libre entrar e infligir el caos en nuestra vida. La única manera en la que podemos protegernos del ataque demoníaco es asegurándonos de que nuestras puertas y muros hayan sido restablecidos.

En los tiempos de Nehemías, las puertas de la ciudad eran abiertas durante el día y custodiadas por vigilantes que verificaban las entradas y salidas. En las noches, las puertas eran cerradas para impedir el acceso del enemigo a la ciudad. Es así como la historia de Nehemías, reedificando los muros y puertas de Jerusalén, se asemeja a la guerra espiritual. Necesitamos que nuestras puertas y muros—las puertas de nuestra mente, del corazón, de las emociones y del alma—estén cerradas al enemigo. Debemos erigir muros para que nuestro enemigo no pueda ir y venir cuando le plazca.

Como una ciudad sin muros

Proverbios 25:28 dice: "Como ciudad derribada y sin muro es el hombre cuyo espíritu no tiene rienda". Este versículo nos dice que si no controlamos nuestro temperamento, si nos molestamos rápidamente, si no controlamos nuestras emociones, o si nos deprimimos con facilidad, no tenemos dominio de nuestro espíritu. La Biblia señala: "Airaos, pero no pequéis, no se ponga el sol sobre vuestro enojo, ni deis lugar al diablo" (Ef. 4:26).

En mis años como apóstol, he sido testigo de lo que ocurre cuando las personas no tienen autocontrol. No controlan lo que dicen ni sus pensamientos, temperamento o emociones. Se dejan caer en depresiones que duran semanas, se molestan, no dicen ni hacen nada y se pierden rápidamente. Es allí cuando el enemigo logra entrar y destruye sus vidas, y esto ocurre porque son como una ciudad sin muros ni restricción alguna. Han cedido espacios al demonio, convirtiéndose en el blanco de sus planes. Lo dejan entrar a destruir y devastar sus vidas.

En principio, el enemigo intenta destruirnos valiéndose de un trauma, un pecado, de nuestra rebelión, del rechazo, etcétera. La liberación es una de las maneras de recuperarnos. Todos hemos atravesado algo en nuestras vidas y hemos necesitado restaurarnos en algún momento, algunos más que otros. Hay personas que han sido acosadas sexualmente, violadas, abusadas física y verbalmente, heridas o rechazadas. Como resultado, viven amargadas, molestas y atadas. El enemigo ha intentado destruir sus vidas. Todos necesitamos de la liberación y restauración, y de eso precisamente se trata la salvación.

El espíritu de la vergüenza

"Y me dijeron: 'El remanente, los que quedaron de la cautividad, allí en la provincia, están en *gran mal y afrenta, y el muro de Jerusalén derribado, y sus puertas quemadas a fuego*'. Cuando oí estas palabras me senté y lloré, e hice duelo por algunos días, y ayuné y oré delante del Dios de los cielo".

—Nehemías 1:3–4,
ITÁLICAS AÑADIDAS

He aquí la imagen: el remanente de Israel estaba profundamente afligido; es decir, el pueblo se encontraba atormentado, oprimido, golpeado por la pobreza. Debido al cautiverio y al estado de destrucción en que se encontraba Jerusalén, sentían una gran culpa, la cual se relaciona con la vergüenza. A nadie le gusta estar abatido, vencido o afligido, ser pobre, estar en la quiebra o sentirse devastado en la vida. Es vergonzoso y doloroso porque Dios no nos creó para vivir avergonzados.

Cuando conocemos a alguien cuya vida ha sido devastada, esa persona, así no lo admita, siente vergüenza de que el demonio la haya engañado. Lo que más detesto del demonio es que destruye nuestras vidas y luego intenta hacernos sentir mal por eso. Nos desanima. Él es el instrumento. A veces se trata de rebelión, pero él es el instrumento. Luego intenta abatirnos con desesperanza, desesperación, desánimo, depresión, duda e incredulidad. Comenzamos a pensar o decir cosas como "Jamás saldré de esto", "Esto es horrible", "No puedo hacer nada bien". El demonio quiere abatirnos.

Este fue el estado en el que Nehemías encontró en Jerusalén. El pueblo de Israel estaba inmerso en la culpa como resultado de la rebelión. Pero Dios aún tenía planes para restaurarlos. Actuó a través de Nehemías y el corazón del rey para reedificar las puertas y muros de Jerusalén. Utilizó la historia completa de Israel para crear una imagen espiritual de su plan para salvar, liberar y restaurar al pueblo.

La Biblia no es un libro que recopila historias al azar escritas para que tuviéramos un hermoso libro para leer y divertirnos. Contiene enseñanzas que podemos aplicar a nuestras vidas. Dios desea darnos esperanza y mostrarnos que si una ciudad puede ser reconstruida, nosotros podemos hacer lo mismo con nuestra ciudad espiritual. Si la ciudad física de Jerusalén se encontraba en caos, fue quemada y luego recuperada, entonces, independientemente del estado en que estemos, podremos lograr lo mismo mediante el espíritu de Dios.

Nehemías, el consolador

El nombre Nehemías significa: "Jehová consuela".[1] El Espíritu Santo es conocido como el Consolador, de ahí que, en la época de la restauración en la historia de Israel, Nehemías representó al Espíritu de Dios. Sus deberes son la restauración, liberación y la ayuda para que podamos recobrar nuestras vidas. Nehemías fue la representación de su obra. La liberación es obra del Espíritu y no del hombre.

Jesús dijo en Mateo 12:28: "Pero si yo por el Espíritu de Dios echo fuera los demonios, ciertamente ha llegado a vosotros el Reino de Dios". Cualquier obra que emprendamos no la hacemos por medio de nuestro poder, sino a través del Espíritu de Dios. Un hombre no puede ayudarnos o restaurarnos. Dios es lo único que necesitamos para lograr esa restauración. Un hombre puede suministrar medicinas, pastillas, etcétera. Puede tratar de disimular el daño, normalmente achacándoselo a otra cosa. Pero el Espíritu de Dios es el único capaz de entrar en nuestra vida y reconstruir cosas. Sí, Él usa hombres como Nehemías para que sean sus manos y sus pies, y también se expresa mediante la Palabra.

Veamos a continuación los pasos que Nehemías tomó para reedificar los muros y las puertas físicas de Jerusalén, para que así podamos aprender cómo restaurar los muros y puertas espirituales en nuestra vida.

Un espíritu adolorido y contrito

Nehemías 1:4 dice: "Cuando oí estas palabras me senté y lloré, e hice duelo por algunos días, y ayuné y oré delante del Dios de los cielos". Como podemos ver, la restauración va siempre de la mano con un espíritu adolorido, contrito, junto con la oración y el ayuno.

Ante una vida destrozada, lo mejor que se puede hacer es humillarse y llorar. La Biblia dice: "Cercano está Jehová a los quebrantados de corazón; y salva a los contritos de espíritu" (Sal. 34:18). Como lo mencioné anteriormente, el ayuno humilla el espíritu. Este, además de la oración, conforma los pilares de la restauración, especialmente en casos complejos en los que la desolación es mucha. Llorar, por su parte, muestra una tristeza del espíritu, la cual, de acuerdo a 2 Corintios 7:10, produce arrepentimiento para la salvación. Fijémonos en que poco después de que Nehemías lloró y estuvo de luto, le hizo peticiones a Dios con arrepentimiento en representación del pueblo de Israel (ver Nehemías 1:5–11).

Yo suelo animar a aquellas personas que buscan liberación y cuyas vidas están profundamente destrozadas, a que practiquen el ayuno y la oración durante un tiempo. Si su vida se encuentra devastada, considere el ayuno. No estoy hablando de ayunar durante cuarenta días. De hecho puede hacerlo solo el día de la cita de liberación. Ayune durante uno, dos o tres días. Este es un asunto serio, y usted necesita la ayuda de Dios. Usted necesita que Él intervenga. Dios responde a los espíritus contritos, Él atiende a aquellos que son humildes, y el ayuno trae humildad. De hecho, Jesús dijo que algunos demonios no salen sino con ayuno y oración (Mt. 17:21).

El ayuno demuestra además nuestro compromiso. He conocido a personas que quieren ayuda, e incluso están a la espera de reunirse con un ministro de liberación, pero no quieren ni ayunar ni orar. En otras palabras, no quieren hacer el trabajo: no están comprometidos. Estas personas quieren que otros oren por ellos y que los ayuden. Desean un milagro, pero no están lo suficientemente comprometidos con la idea de presenciar la restauración en sus vidas como para ayunar, orar, llorar o hacer lo que sea necesario para poder recibir el nivel de ayuda que requieren.

Ante todo, debemos estar comprometido y creer que nuestra vida es valiosa, tanto para vivirla como para pelear por ella y verla restaurada. La liberación y la restauración existen para aquellos que realmente lo desean, aquellos que al ver su estado dicen: "Señor, solo tú puedes lograrlo. Haré lo que sea necesario, y seré perseverante para conseguir mi sanación".

Algunos se dan por vencido porque buscan una salida fácil. No quieren orar. Al contrario, desean que pastores, profetas, consejeros e intercesores hagan todo el trabajo. Aspiran a que hagamos uso de nuestra unción para liberarlos, pero no quieren leer la Palabra, orar, arrepentirse, ni ayunar. Llegan al altar una y otra vez con los mismos demonios, porque no han invertido tiempo para humillarse.

Los que están comprometidos con su restauración son aquellos que tienen la verdadera posibilidad de lograrla. No se trata de decir: "Bueno, si le place a Dios, Él lo hará; si no, está bien". No. Se trata de su vida. Haga lo que tiene que hacer y prepárese para que Dios comience a trabajar en el milagro de la restauración de su vida.

EL PROCESO DE RECONSTRUCCIÓN Y RESTAURACIÓN

"Pero oyéndolo Sanbalat horonita y Tobías el siervo amonita, les disgustó en extremo que viniese alguno para procurar el bien de los hijos de Israel".

—NEHEMÍAS 2:10

El enemigo no verá con buenos ojos que usted inicie la búsqueda de la restauración. El demonio hará lo que tenga en su poder para detenerlo. Él no quiere que usted reedifique sus puertas o muros, sino que ansía que usted permanezca en un estado vergonzoso y desolado. Lo primero que pasó en la historia de Nehemías fue que esos enemigos, Sanbalat y Tobías, comenzaron a conspirar y a oponerse a la reconstrucción de los muros de Jerusalén, a pesar de que no les concernía, porque Nehemías había recibido órdenes del rey.

Así como los enemigos de Israel disfrutaban ver a la nación en ruinas, el demonio disfruta vernos destrozados. Él hará todo lo que esté a su alcance para desalentarnos, combatirnos y ponernos trabas. Pondrá personas en nuestra contra, incluso a nosotros mismos, y tomará ventaja de ciertas situaciones. No será tarea fácil. Creo firmemente en los milagros y Dios puede darnos algunas salidas milagrosas. Pero a veces, la restauración es un proceso. Eliminar los efectos de nuestros enemigos de nuestra vida ocurre poco a poco.

Los muros y puertas que Nehemías reconstruía en Israel no iban a ser terminados en un día, sino que se requería tiempo. No solo se necesitó de la colaboración del pueblo en la reedificación, sino que la gente debió defenderse de la oposición enviada por sus enemigos para frustrarlos.

Manténgase concentrado, no se distraiga

Algo que me encanta de Nehemías es que nunca permitió que sus enemigos lo distrajeran de lo que tenía que hacer. No permita que nada lo distraiga, manténgase concentrado. No permita que nadie: ni su mamá, ni su papá, ni su hermana, ni su hermano, ni su perro, ni su gato o quien sea, lo haga perder su norte. Se trata de su vida. No deje que sus enemigos logren que usted pierda su propósito.

Sanbalat le dijo a Nehemías que quería que bajara a conversar con él. Su respuesta fue: "No hay nada de qué hablar. ¿Quién eres?". Nehemías no abandonó su trabajo para ir a hablar con Sanbalat y sus compinches porque no quería distraerse con nada, ni siquiera con algo que podría parecer tan positivo como una negociación.

No debemos negociar con el demonio. Nuestro proceso de liberación y restauración no puede ser negociado. No hay nada de qué hablar con él. Es lamentable que haya personas que tan pronto comienzan a avanzar rumbo a la liberación, permiten que cualquier cosa los distraiga, dejando que individuos o situaciones los detengan.

No puede permitir que nada nos distraiga. Debemos mantenernos concentrados, comprometidos y dedicados a que cada aspecto de nuestra vida sea reconstruido y restaurado. No permitamos que nos atrapen otras cosas que no se relacionan con nuestra restauración.

Evalúe la situación

"Y salí de noche por la puerta del Valle hacia la fuente del Dragón y a la puerta del Muladar; y observé los muros de Jerusalén que estaban derribados, y sus puertas que estaban consumidas por el fuego".

—NEHEMÍAS 2:13

Lo primero que Nehemías hizo al llegar al área donde se necesitaba reparación, fue examinar la situación. A veces es bueno sentarnos y examinar cuál es nuestra situación y escribir todo por lo que hemos pasado. ¿Nos han herido? ¿Hemos sido rechazados? ¿Han abusado de nosotros? ¿Hemos sido víctimas de abuso sexual? ¿Estamos divorciados? ¿Está roto nuestro corazón? ¿Hemos atravesado por una situación traumática? ¿Estamos amargados? ¿Estamos molestos? ¿Qué cosas nos han pasado en la vida?

Comencemos a analizar todo lo que estamos enfrentando. Es bueno conocer todas esas circunstancias, porque cuando trabajemos con un consejero cristiano o algún guía de liberación, Dios lo impulsará a preguntarnos qué nos ha tocado enfrentar.

No es momento de ponernos religiosos y de decir que necesitamos oración sin explicar por qué. Orar no es quedarnos callados. ¡Pidamos y nos será dado! Busquemos y encontraremos. ¡Toquemos a la puerta! Es bueno contarle a alguien por lo que estamos pasando. Algunas veces podría ser vergonzoso, pero debemos ser capaces de confiar en la persona que está orando por nosotros. Muchas veces aquello por lo que pasamos es vergonzoso. En ocasiones, el Espíritu de Dios le mostrará al que le está ministrando de lo que se trata. Pero habrá oportunidades en las que tendremos que contarles nosotros mismos. Algunos pastores o consejeros tienen encuestas o listas de problemas o retos frecuentes que tenemos que enfrentar en la vida. Tal vez le realice preguntas como:

- "¿Ha practicado el ocultismo?".
- "¿Ha sido rechazado, herido, traumado o tenido malas experiencias en la vida?".
- "¿Cuál es su mayor lucha?".
- "¿Ha tenido problemas con su temperamento? ¿Rabia? ¿Ira? ¿Lujuria?".
- "¿Ha tenido múltiples relaciones?".
- "¿Se le dificulta tomar decisiones o comprometerse con un curso de acción determinado?".
- "¿Ha estado fluctuando dentro y fuera de la iglesia?".
- ¿Ha sufrido un accidente físico?".
- "¿Ha muerto alguien cercano?".
- "¿Alguien o algo le ha hecho daño? ¿Alguien ha abusado de usted?".

Sin duda, es positivo que pueda evaluar en el espíritu aquello que usted está enfrentando. Es beneficioso tener un objetivo. Puede realizar el mismo tipo de análisis incluso en un proceso de liberación propia. Hay personas que llevan un diario en el que escriben todo lo que enfrentan en su día a día. Muchas veces suelen avanzar por sí mismos en el camino de la liberación, manteniendo limpios su corazón y su mente, así como sellando cualquier fisura que exista en sus muros y puertas.

Mantenga el ánimo, a Dios le encanta intervenir en situaciones imposibles

"Pero cuando lo oyeron Sanbalat horonita, Tobías el siervo amonita, y Gesem el árabe, hicieron escarnio de nosotros, y nos despreciaron, diciendo: ¿Qué es esto que hacéis vosotros? ¿Os rebeláis contra el rey?".
—NEHEMÍAS 2:19

Una de las primeras cosas que el enemigo intentará hacer es burlarse y reírse de nosotros: "No puedes hacerlo, no vas a tener éxito, no vas a lograr sanarte y restaurarte. Estás acabado, es demasiado, es imposible". A Dios le encanta lo imposible, porque Él es el Dios de lo imposible. No escuchemos al enemigo, ya que él hará lo que tenga a su alcance para desanimarnos, hacernos retroceder y desistir.

He conocido a personas que se han enfermado físicamente el mismo día en el tuvieron el coraje de buscar su liberación. Algunos empiezan a tener migraña. Se desencadenan una serie de sucesos sin sentido, porque el enemigo quiere hacer creer que el proceso de restauración no tiene sentido y que no podrá ser alcanzado. En representación del Consolador, Nehemías nos mostró que el Espíritu de Dios nunca permitirá que cualquier persona o circunstancia lo detenga en su deber de sanarnos y ayudarnos. Dios lo envío para que nos ayudara.

Debemos estar alertas

"Entonces oramos a nuestro Dios, y por causa de ellos pusimos guarda contra ellos de día y de noche".

—NEHEMÍAS 4:9

Otra cosa que debemos hacer en el transcurso de nuestro proceso de restauración y sanación es mantenernos alertas frente al enemigo. Es un principio de la oración y la intercesión establecer momentos específicos de oración y guerra espiritual. En caso de ser necesario, podemos hacerlo diariamente.

Tan pronto los israelitas descubrieron que el enemigo intentaba detenerlos, colocaron vigilantes en los muros para que custodiaran y alertaran en caso de que el enemigo intentara acercase. Ellos sabían que era probable que sus enemigos intentaran un ataque mientras estaban reconstruyendo los muros. Los vigilantes simbolizan los intercesores, los guerreros de la oración y los profetas. Los vigilantes son profetas. Considero que uno de los principios más poderosos de la restauración es mantenernos conectado con una iglesia que opera en la oración, en la intercesión y en el ministerio profético. Necesitamos personas proféticas que nos ayuden a orar por nosotros.

Consigamos un compañero de oración. Busquemos una persona profética, un vigilante que vele con nosotros, un creyente que ore por nosotros durante el proceso de restauración, y que sepa cómo interceder y detener los ataques del enemigo contra nuestra vida. No intentemos hacerlo solo. Ubiquemos a un creyente maduro y lleno del Espíritu Santo, y digámosle: "Estoy pasando por un proceso de liberación, ¿puedes orar por mí? ¿Puedes ayudarme a vigilar? Esto es lo que estoy confrontando". Solicitemos el apoyo de un anciano de la iglesia, o de nuestro pastor. Consigamos el refuerzo de alguien que esté a nuestro lado para vigilar y orar, porque el enemigo quiere sabotear todo lo que Dios desea para nuestra vida y, en ocasiones, conseguir uno o dos creyentes para orar puede marcar la diferencia. Un cordón de tres dobleces no se rompe fácilmente (Ec. 4:12).

Desechemos los escombros

"Y dijo Judá: Las fuerzas de los acarreadores se han debilitado, y el escombro es mucho, y no podemos edificar el muro".

—Nehemías 4:10

Luego de que los muros fueron quemados y destruidos, había que desechar un montón de piedras y madera, escombros y desechos. Resultaba imposible iniciar la reedificación hasta tanto se hubieran eliminado los restos de piedra y madera. Es fundamental deshacerse de los escombros antes de traer nuevas piedras para reconstruir los muros. Tal acción simboliza la liberación. La basura representa los espíritus pecaminosos, así como los desperdicios que existen en nuestra vida y que requieren ser eliminados antes de que podamos ser restaurados.

Observe el siguiente extracto: "Las fuerzas de los acarreadores se han debilitado". Había demasiados escombros y los encargados de botarlos estaban agotados. Ha habido casos en los que yo he orado por personas y echado demonios de sus vidas durante tanto tiempo, que se han cansado físicamente y han decidido no seguir con su liberación a pesar de que aún había demonios en ellos. Estos individuos estaban repletos de escombros. Mis asistentes de oración y yo hemos orado durante dos o tres horas por algunos individuos que han estado tan cargados, que tanto ellos como nosotros terminamos agotados. A pesar de que sabemos que ellos habrían preferido hacer todo en una sesión, en ocasiones debemos dividir el trabajo: "Estoy cansado, usted está cansado. Vamos a parar por ahora, regrese luego para seguir trabajando". Simplemente hay demasiada basura espiritual.

La basura espiritual puede estar compuesta por distintas cantidades de demonios. A continuación menciono los escombros más comunes que suelen permanecer en la vida de aquellos cuyas puertas y muros han sido desolados:

- Adicción
- Amargura
- Brujería
- Depresión
- Desánimo
- Dolor
- Indisposición a perdonar
- Ira
- Lástima por uno mismo
- Lujuria
- Muerte
- Ocultismo
- Opresión
- Orgullo
- Pobreza
- Rebelión
- Rechazo
- Sufrimiento
- Temor
- Tormento
- Tristeza
- Vergüenza

De eso se trata la liberación. Es un proceso de limpieza profunda para deshacerse de los escombros a fin de poder reconstruir los muros. El Espíritu de Dios se sirve del ministerio de liberación para eliminar los escombros, expulsar los demonios, limpiar lo pecaminoso y erradicar cualquier basura de nuestra vida. Se requiere de mucha fuerza para lograrlo. Se requiere de obreros de liberación que sean fuertes en la oración, así como que nosotros también seamos fuertes. Es importante que la sesión de liberación no se extienda más allá de lo necesario. Si usted es quien presta ayuda, no vaya a matar a alguien que está tratando de recibir liberación. Si usted es quien recibe la ayuda, no sea de los que pretende deshacerse de todos los demonios en una sola sesión. No se está compitiendo por el trofeo del mejor cazador de demonios del mundo.

Habrá momentos en los que el Espíritu de Dios lo hará parar y usted dejará de sentir la unción para seguir orando. El Espíritu de Dios estará alerta y le hará saber cuándo usted debe detenerse. En ese momento, usted puede bendecir a la persona y aclararle que no siempre es posible deshacerse de todos los escombros en un solo día. Usted debe seguir el Espíritu de Dios. Recuerde que la liberación es obra de Dios, y a veces se necesita ir paso a paso.

Guerra y pelea a lo largo del proceso

"Y cuando oyeron nuestros enemigos que lo habíamos entendido, y que Dios había desbaratado el consejo de ellos, nos volvimos todos al muro, cada uno a su tarea. Desde aquel día la mitad de mis siervos trabajaba en la obra, y la otra mitad tenía lanzas, escudos, arcos y corazas; y detrás de ellos estaban los jefes de toda la casa de Judá".

—Nehemías 4:15–16

Fíjese que la mitad de ellos construía, mientras que la otra mitad estaba preparada para la guerra. Esto nos muestra que la restauración no tiene que ver solamente con el edificio, sino también de con batallar. Se trata de estar alertas, ya que nos tocará combatir a lo largo del proceso. En los versículos de arriba, vemos que algunos de los siervos tomaron lanzas, escudos, arcos y armaduras. Sabemos que los escudos simbolizan el escudo de la fe. Además, estamos conscientes de que hoy en día nuestra guerra no es carnal, ya que batallamos en el reino espiritual (2 Co. 10:4). Aunado a ello, contamos con la espada del Espíritu, que es la Palabra de Dios.

Nehemías y los israelitas tenían armas físicas porque ellos afrontaron un muro físico, pero nosotros contamos con armas espirituales: la Palabra de Dios, la confesión, la oración, el ayuno, el escudo de la fe, la sangre de Jesús, la alabanza, la devoción, etcétera. Todas estas armas pueden ser usadas en contra de los poderes del infierno. De ahí que es fundamental que aquellos que están en el proceso de liberación desechen los escombros y reconstruyan los muros en sus vidas. Deben refugiarse en una atmósfera de alabanza, devoción y de la Palabra. Necesitan confesar la Palabra, orar, hacer ayuno, congregarse y caminar en la fe, porque están aprendiendo a combatir y reconstruir al mismo tiempo.

Como mencioné anteriormente, puede que lo de la batalla espiritual sea algo nuevo para usted, así que es importante que esté acompañado de alguien que sepa cómo luchar y dar la pelea. Estoy hablando de intercesores, profetas, pastores, amigos y seres queridos. Estas personas lo acompañarán, orarán y batallarán con usted. Gracias a su experiencia en las guerras espirituales, ellos saben que el enemigo hará lo que esté a su alcance para que usted no alcance sanación ni restauración, y ellos desean evitar esto tanto como usted.

Entienda que no es su batalla

"Los que edificaban en el muro, los que acarreaban, y los que cargaban, con una mano trabajaban en la obra, y en la otra tenían la espada. Porque los que edificaban, cada uno tenía su espada ceñida a sus lomos, y así edificaban; y el que tocaba la trompeta estaba junto a mí. Y dije a los nobles, y a los oficiales y al resto del pueblo: 'La obra es grande y extensa, y nosotros estamos apartados en el muro, lejos unos de otros. En el lugar donde oyereis el sonido de la trompeta, reuníos allí con nosotros; *nuestro Dios peleará por nosotros*'".

—Nehemías 4:17–20,
ITÁLICAS AÑADIDAS

Busque su Biblia y subraye la última oración. Entienda que no es su guerra. Le pertenece a Dios. Es la batalla de Él. ¡Dios peleará por usted! Usted no está solo. Lo esencial de todo esto es entender que Nehemías no contaba con suficientes hombres. Él dijo: "Y nosotros estamos apartados en el muro, lejos unos de otros". Ni siquiera contaban con la suficiente cantidad de hombres en el muro para defenderlo, pero Nehemías confiaba en que Dios lo había enviado y que podría imponerse a pesar de lo que se viniera en su contra. Si usted desea ganar la batalla debe entender lo siguiente: si Dios está con usted, ¿quién contra usted? (ver Romanos 8:31). Ninguna arma forjada contra nosotros prosperará (ver Isaías 54:17). Dios está de nuestro lado y quiere vernos triunfar. Él nos ayudará en la pelea.

Vigile y proteja la obra

"Nosotros, pues, trabajábamos en la obra; y la mitad de ellos tenían lanzas desde la subida del alba hasta que salían las estrellas. También dije entonces al pueblo, 'Cada uno con su criado permanezca dentro de Jerusalén, y de noche sirvan de centinela y de día en la obra'".

—Nehemías 4:21-22

Ya mencionamos este punto someramente: mientras dure su proceso de restauración, el trabajo que haya logrado debe ser protegido y defendido del enemigo.

Comience a estudiar la Palabra y cuide sus puertas

"Y se juntó todo el pueblo como un solo hombre en la plaza que está delante de la puerta de las Aguas, y dijeron a Esdras el escriba que trajese el libro de la ley de Moisés, la cual Jehová había dado a Israel. Y el sacerdote Esdras trajo la ley delante de la congregación, así de hombres como de mujeres y de todos los que podían entender, el primer día del mes séptimo. Y leyó en el libro delante de la plaza que está delante de la puerta de las Aguas, desde el alba hasta el mediodía, en presencia de hombres y mujeres y de todos los que podían entender; y los oídos de todo el pueblo estaban atentos al libro de la ley".

—Nehemías 8:1-3

Como ya mencioné, el libro de Nehemías registra la restauración de las puertas de Jerusalén. Había once puertas en total alrededor de la ciudad, y cada una tenía un significado profético en nuestra vida: la Puerta de las Ovejas, la Puerta del Muladar, la Puerta del Valle, la Puerta del Pescado, la Puerta de las Aguas, la Puerta de Efraín, etcétera. Cada puerta representa también un aspecto especial en la vida de un individuo. Así como Nehemías y el pueblo restauraron cada una de las puertas de Jerusalén, nosotros lo haremos con las puertas desoladas de nuestra vida.

Después de que usted haya sido restaurado, debe dejar que Dios trabaje en su vida a través de la Palabra. La restauración no es tan sencilla como "ir, ser sanados y regresar a casa". La Palabra de Dios es lo único que puede preservarnos y mantenernos.

He conocido individuos que han venido por oración y liberación, pero no han sentido la urgencia ni estado lo suficientemente decididos a construir una base firme para estudiar y leer la Palabra por sí mismos. Solo quieren ir a la iglesia y escuchar un sermón. De hecho, durante los primeros días de la Iglesia Crusaders, solíamos acudir a un ministerio de liberación distinto que tenía una política que consistía en que si uno no había ido a escuchar la Palabra, no se oraba por uno. ¿Por qué? Porque algunos calculaban cuánto tiempo del servicio se destinaba a la predicación y llegaban a tiempo solamente para recibir la oración. La regla consideraba que si alguien no era capaz de sentarse a recibir todo el mensaje, ni tenía tiempo para escuchar la Palabra, ellos tampoco tenían tiempo para esa persona.

Hay gente que solo pretende asistir para recibir la oración. "Oren por mí". Pero no quieren estudiar, escuchar o caminar de acuerdo a la Palabra. Lo único que quieren es que alguien les imponga las manos para que ocurra un milagro. No quieren pagar el precio de estudiar la Palabra de Dios.

Como ya mencioné, la Palabra de Dios es lo único que puede mantenernos. En principio, la razón por la que Israel estaba en ese estado era porque el pueblo se había apartado de la ley, y por ello todas sus puertas fueron destruidas. Esdras intentó encaminarlos, diciéndoles: "Vamos a reconstruir esta ciudad". Pero debemos recordar que Israel es la representación física de todo lo que hemos hecho y lo que deberíamos hacer en espíritu. Necesitamos la Palabra de Dios en nuestra vida.

El problema con Israel fue que siempre creyó que por el simple hecho de que la ciudad sagrada de Jerusalén y el templo de Dios estaban en su territorio, el Señor no permitiría que sus enemigos la destruyeran. Pero Dios no se enfoca en lo material, y Jerusalén no era más que una ciudad física, así como el templo. Dios salió de ella para entregarla en manos de los babilonios. Él no se preocupa por rocas o puertas físicas, al Señor le interesan las personas. Es decir, a Dios poco le interesa si un lugar es santo. Él quiere que usted sea santo. Lo material siempre puede ser reconstruido o reemplazado. Lo espiritual es lo más importante, porque lo que allí ocurre. afecta lo físico. Si usted no está bien del espíritu, tampoco lo estará en su vida. No puede cambiar lo externo sin tocar lo interno. Hay quienes quieren cambiar su entorno, pero si la persona está llena de odio, no habrá diferencia alguna si está dentro de una caja de cartón o en una mansión. Seguirá conviviendo con demonios que destruirán la mansión.

La Palabra de Dios nos transforma de adentro hacia fuera, y logra que tengamos la fuerza de carácter para mantener nuestra restauración.

Alégrese y disfrute los frutos de su obra

"Y toda la congregación que volvió de la cautividad hizo tabernáculos, y en tabernáculos habitó; porque desde los días de Josué hijo de Nun hasta aquel día, no habían hecho así los hijos de Israel. Y hubo alegría muy grande. Y leyó Esdras en el libro de la ley de Dios cada día, desde el primer día hasta el último; e hicieron la fiesta solemne por siete días, y el octavo día fue de solemne asamblea, según el rito".

—NEHEMÍAS 8:17–18

Este pasaje describe la Fiesta de los tabernáculos, que era una festividad dedicada a la cosecha. Era la celebración más alegre de todas, ya que implicaba la llegada de la época del dinero. Recuerde que la Pascua Judía era muy solemne porque representaba la salida de Egipto. El Pentecostés representaba los primeros frutos cosechados y la alegría invadía la celebración. En el caso de la fiesta de los tabernáculos, con la cosecha llegaban la alegría y la celebración. Dios encabezaba la festividad. Él le ordenó al pueblo que partiera durante siete días a Jerusalén y que celebrara.

Dios desea que nos regocijemos con los frutos de nuestra obra. No todo es trabajo, trabajo y más trabajo, sin ningún tipo de disfrute. Es necesario cosechar; de lo contrario, odiaremos la vida.

Luego de la cosecha, el pueblo de Israel podía descansar hasta la época de la siembra. Era el momento de las vacaciones, y había grandes cantidades de vino, trigo y maíz. Esta festividad simboliza la alabanza, la devoción y la celebración de la victoria.

Lo que me interesa resaltar es que al reedificar los muros y deshacernos de los escombros, no solo necesitamos ponernos en sintonía con la Palabra, sino también tener un espíritu de celebración y alegría. Necesitamos estar en una atmósfera de alabanza y devoción. Necesitamos estar en presencia de Dios.

La Fiesta de los Tabernáculos nos enseña que, una vez que estamos restaurados, nos convertimos en el tabernáculo de Dios y Él mora en nosotros. En donde esté su presencia, habrá alegría, regocijo y celebración. El gozo de Jehová es nuestra fuerza (Neh. 8:10).

Necesitamos la Palabra y necesitamos el tabernáculo. Necesitamos estar en la presencia de Dios, en su unción y su gloria. Necesitamos alegrarnos, gozarnos, celebrar y cosechar. Ese es el tipo de atmósfera que nos hace falta. La Palabra, la alabanza y la presencia de Dios son las tres cosas que se obtienen al comenzar la restauración.

Tan pronto comience a ser restaurado, empezará a disfrutar de la Palabra, podrá escucharla y comprenderla, y se regocijará en la presencia de Dios. Es difícil entender la Palabra cuando nuestra vida está destrozada y nos sentimos confundidos y atormentados. En momentos así, es difícil caminar en la Palabra y disfrutar de la presencia del Señor. Incluso nos resulta difícil poder disfrutar de la alegría y la celebración. Pero una vez que somos sanados y restaurados, tendremos vida en abundancia, una alegría inmensurable y nos sentiremos llenos de gloria. Tendremos la Palabra de Dios en nuestra vida, estaremos protegidos y cerraremos todas las puertas de acceso al enemigo.

Restablezcamos nuestra autoridad

Además de simbolizar la protección contra el enemigo, las puertas representan autoridad. Recuerde que los ancianos, príncipes y gobernantes se sentaban en las puertas, y allí tomaban las decisiones judiciales. Los tribunales se ubicaban en esa área, y por ello las puertas representan autoridad.

Cuando sus puertas sean restauradas, también lo será su autoridad. El demonio no podrá seguir haciendo lo que le plazca. Todo lo que atemos en la tierra, será atado en el cielo; y todo lo que desatemos en la tierra, será desatado en el cielo (ver Mateo 18:18). Será restaurada nuestra capacidad de hollar serpientes y escorpiones y nuestra potestad sobre toda fuerza del enemigo (ver Lucas 10:19). Las personas cuyas puertas están destrozadas no tienen autoridad. El demonio hace con ellos y sus vidas lo que le plazca.

Si hemos sido restaurados, también lo habrá sido nuestra autoridad. Podremos decir: "Satanás, no puedes apoderarte de mi familia, de mis finanzas, de mi cuerpo ni de mi mente. Yo te ato. Pobreza, te ato. Tampoco habrá en mi vida depresión, derrota, lujuria, perversión, pecado, tormento, ni aflicción. No puedes dirigir mi vida. Mis puertas fueron restauradas. Satanás, tengo poder y autoridad sobre ti".

"Nunca más se oirá en tu tierra violencia, destrucción ni quebrantamiento en tu territorio, sino que a tus muros llamarás Salvación, y a tus puertas Alabanza".

—ISAÍAS 60:18

LOS ENVIADOS

Nehemías no solo fue una representación del Consolador, sino también de la unción apostólica. Así como el Espíritu Santo fue enviado por Jesús, Nehemías fue enviado por Dios. Y nosotros fuimos enviados para confortar, ayudar, sanar y restaurar a otros. Hemos recibido una unción.

En Isaías 58, se nos encomia a convertirnos en reparadores de grietas, a restaurar las bases fragmentadas en las vidas de los demás. Así como la restauración de Israel nos provee una lección y una estrategia, nuestra restauración será una ayuda y un testimonio de la fidelidad del Señor. Muchos acudirán a nosotros en busca de apoyo durante su batalla por su restauración.

Podemos contar con la esperanza de que alcanzaremos la plenitud. Nuestros muros serán reconstruidos y dejaremos de ser una ciudad fracturada y sin protección. Seremos fortalecidos y protegidos del enemigo, y nuestra vida será segura y próspera. El enemigo no será capaz de hacer lo que le plazca con nuestra vida.

CAPÍTULO 10

LA FORMA CORRECTA DE ENFRENTAR EL RECHAZO

"Los sacrificios de Dios son el espíritu quebrantado; al corazón contrito y humillado no despreciarás tú, oh Dios".

—SALMO 51:17

USTED DEBE ENTENDER que como una persona restaurada que está de vuelta en la vida real, enfrentará rechazo e incluso un sinnúmero de circunstancias conflictivas. Jesús dijo: "En el mundo tendréis aflicción; pero confiad, yo he vencido al mundo" (Jn. 16:33).

Algo que se aprende en la vida es que ante el rechazo, sea humano o divino, nuestro espíritu reacciona y buscamos la manera de manejar la situación. Ciertamente hay modos no productivos y restaurativos para enfrentar el rechazo, como la amargura y la rabia; pero también hay medios constructivos que nos colocan en camino de la restauración y del poder sobre el enemigo.

CÓMO MANEJAR EL RECHAZO

En este capítulo discutiremos cinco formas de enfrentar correctamente cualquier tipo de rechazo. El hecho de que seamos rechazados por Dios por estar inmersos en un estilo de vida que Él no aprueba, no significa que hayamos perdido todas las esperanzas, como le pasó a Saúl. Dependiendo de cómo nos manejemos, podemos retomar el camino.

1. Pregúntese por qué

Puede que haya circunstancias en las que el rechazo sea válido. No todo rechazo proviene del demonio. Hay normas y requerimientos para participar en las diferentes facetas de la sociedad. Por ejemplo: si usted se postula a un empleo, pero no cuenta con la formación académica o la experiencia solicitada, puede que no obtenga respuesta positiva. Si usted se está postulando para ingresar a Harvard, pero no tiene las calificaciones requeridas, recibirá una carta de rechazo. Así que, por favor no escriba un manifiesto en su página de Facebook. Entienda que su rechazo ha sido válido y que no se trata de algo personal contra usted.

Cada año, miles de personas son rechazadas por ciertas universidades. Es por ello que los consejeros académicos recomiendan postularse a varias para poder tener opciones. Por lo general, las universidades rechazan a un candidato porque sus calificaciones no cumplen con los requisitos, o puede que no haya cupos suficientes para admitir a todos los candidatos. Existen una infinidad de razones por las que usted pueda recibir una carta de rechazo. Pero en cualquier caso, se trata de un rechazo válido.

Este tipo de rechazo no es personal y no busca destruir su vida. Solo postúlese a otra institución o empleo, y siga adelante.

De igual modo, hay situaciones, tanto en la iglesia como en la sociedad, en las que la persona debe cumplir con ciertos estándares para poder ser aceptado. Es decir, no obtenemos un derecho automáticamente por el simple hecho de desearlo. Si no poseemos una serie de cualificaciones, tal vez no seamos tomados en cuenta.

A veces algunas personas son rechazadas sin motivo aparente. En estos casos, se trataría de un rechazo injusto. No es su culpa. Pueden ser rechazadas por su raza, género o tan solo por no caerle bien a alguien. Incluso, puede darse el caso en el que sea rechazado por envidia.

José era un hombre honrado, pero fue rechazado por sus hermanos, que lo vendieron como esclavo en Egipto. A pesar de ello, José jamás permitió que el rechazo lo destruyera. Por el contrario, comprendió que fue Dios quien permitió que eso ocurriera para que él pudiera llegar a ese país. Con esto en mente, se tomó su tiempo para analizar todo lo que le estaba pasando, tratando de verlo a través de los ojos del Señor. Años después, cuando volvió a ver a sus hermanos, no se vengó de ellos, sino que los perdonó. A pesar de tener la autoridad para matarlos, no permitió que le tuvieran temor. Les dijo: "No, ustedes son mis hermanos y entiendo que Dios fue quien hizo esto. Él me trajo aquí con un fin".

En ocasiones debemos parar y preguntarnos por qué fuimos rechazados. A través del discernimiento, podemos traer liberación y progreso a nuestra vida y las de aquellos que nos rodean, como lo hizo José. Ante el rechazo, mantengamos un corazón puro, perdonemos y esperemos a que haya una salida sobrenatural. Quizás seamos desestimados para un empleo o programa académico, pero, ¿qué otras cosas está haciendo Dios en nuestro favor?

Todos debemos responder ante el rechazo. José pudo haberse convertido en un amargado, estar lleno de rabia y ser vengativo, pero no lo hizo. Por ello, Dios lo bendijo enormemente. La gran mayoría no es capaz de enfrentar el rechazo con discernimiento. En lugar de afrontarlo con gracia y perdón, conscientes de que el Señor está disponiendo todo para su bien, lo toman a modo personal, terminando amargados y llenos de rabia. Muchos necesitan liberación en este aspecto, ya que permiten que el rechazo empañe su visión. Como José, tenemos la posibilidad de manejar el rechazo para que nos saqué de la prisión y nos lleve al palacio. Nuestro próximo ascenso tal vez dependa de la forma en que manejamos el rechazo en el presente.

2. Haga el bien

En el capítulo 2 hablamos del rechazo de Dios hacia Caín. Como bien sabemos, Dios rechazó la ofrenda de Caín, pero aceptó la de Abel. Génesis 4:5–7 dice: "Pero no miró con agrado a Caín y a la ofrenda suya. Y se ensañó Caín en gran manera, y decayó su semblante. Entonces Jehová dijo a Caín: ¿Por qué te has ensañado, y por qué ha decaído tu semblante? Si bien hicieres, ¿no serás enaltecido?". En otras palabras, lo que Dios le quiso decir es: "No te rechazo por ser quien eres, sino por la ofrenda. Si haces lo correcto, te aceptaré". No fue nada personal, pero él, en lugar de entender la razón por la cual fue rechazado, se molestó y asesinó a su hermano.

Caín no reaccionó de forma correcta ante al rechazo, a pesar de que Dios le dijo: "Si bien hicieres, serás enaltecido". Él pudo haber cambiado su ofrenda, ofrecer la correcta y ser aceptado por el Señor. Pero permitió que el rechazo lo llevará por el camino de la autodestrucción, la rabia, la amargura, el asesinato y, finalmente, la maldición.

Muchos reaccionan de esta forma ante el rechazo, abriendo las puertas a los espíritus de la ira y el odio, y llegando incluso a matar. Pero debemos pensar en las razones por las que fuimos rechazados, reexaminar los requerimientos para un nuevo intento valiéndonos de lo que es correcto, y quizás entonces seamos aceptados.

3. Intente entender la norma y cumplirla

Repito, hay un tipo de rechazo válido. A algunas personas con un espíritu de rechazo se les dificulta distinguir entre el rechazo válido y el no válido. Hay estándares a los que debemos adherirnos tanto en nuestra vida diaria, como frente al Señor. Aquellos rechazos que son consecuencia de no haber satisfecho ciertos criterios, no obedecen a razones personales. Si fuimos rechazados por razones válidas, no es porque no seamos amados, simplemente hubo un requisito que no satisficimos en esta ocasión. Debemos tratar de entender cuál fue y buscar la manera de cumplirlo.

"Mi pueblo fue destruido, porque le faltó conocimiento. Por cuanto desechaste el conocimiento, yo te echaré del sacerdocio".

—OSEAS 4:6

En esencia, lo que Dios trata de decirnos es: "Si vas a ser parte de mi pueblo, debes tener conocimientos. Necesito personas que me conozcan a mí, mi Palabra y mi Espíritu. No puedo contar con quienes dicen que son parte de mi pueblo y están inmersos en la ignorancia". En esa ocasión, Israel rechazó el conocimiento de Dios, su Palabra, porque no querían adherirse a sus estándares. No estoy diciendo que Dios va a rechazarnos si no conocemos cada versículo de la Biblia, sino que si deseamos ser parte de su pueblo, una de las señales de que formamos parte de él es que tenemos conocimientos.

Pablo le escribió a Timoteo: "Procura con diligencia presentarte a Dios aprobado" (2 Tim. 2:15). Dios acepta a quien procura, a quien sabe qué se necesita y cómo lograrlo. Él rechazó a Israel porque los israelitas rechazaron el conocimiento, querían permanecer en su ignorancia. Hay quienes piensan que la ignorancia es una excusa válida para la desobediencia. "No sabía que fornicar estaba mal. Pensaba que Dios nos daba esos pensamientos". Es lo mismo que decir: "No sabía que debía entregar esa planilla para que mi solicitud fuera aceptada".

Solo quienes tienen claro qué se requiere y cumplen con esos criterios, recibirán los beneficios de la aprobación que buscan.

Dios dijo: "Yo te echaré del sacerdocio". Es decir: "No podrás ser sacerdote, no puedes servirme o representarme si no me conoces. Eres ignorante".

Dios les dio mandamientos a los israelitas para que pudieran conocerlo y tener su sabiduría, pero ellos los rechazaron: "No, eso no es lo que queremos. Es demasiado, no queremos tener la responsabilidad de aprendernos tus leyes y el significado de tu Palabra, solo queremos bendiciones". He escuchado individuos decir algo similar en otros aspectos de su vida: "No sabía que era necesario hacer todo esto".

Puede ser que los requisitos sean muchos, pero tal vez valga la pena. Incluso puede pasar que no haya tenido lo necesario la primera vez. Familiarícese con lo que necesita saber, reorganícese, regrese a la escuela, fórmese en la iglesia, hágase responsable de alguien e inténtelo de nuevo.

La aprobación de Dios lo es todo para la vida en el Espíritu. Vale la pena aprender lo que Él pide para que así podamos conocer su gloria.

Dios dijo: "¡No puedo aceptar la ignorancia! Estoy creando un nuevo pueblo que me conocerá. Pondré mi ley y palabra en ellos".

Como creyentes, como santos, es crucial entender que Dios tiene estándares. Él no acepta cualquier cosa. Por supuesto, Dios es amor; pero no lo acepta todo. Su jefe en la oficina tampoco. La universidad a la que usted quiere ingresar no aspira cualquier cosa. Hay requerimientos específicos. Queda de su parte cumplirlos para poder disfrutar de los beneficios que Dios ha establecido para tener una vida exitosa.

4. Reconozca que la aceptación solo se obtiene a través de Cristo

A pesar de lo que está pasando en el mundo y de las oportunidades o los objetivos que queramos lograr, la única razón por la que hemos recibido una aceptación verdadera es porque Dios nos ha aceptado por medio de Jesucristo. A través de su sangre podemos ser aceptados.

Mateo 13:47–48 dice:

> "Asimismo el Reino de los cielos es semejante a una red, que echada en el mar, recoge de toda clase de peces; y una vez llena, la sacan a la orilla; y sentados, recogen lo bueno en cestas, y lo malo echan fuera".

De eso se trata, de echar fuera lo malo. La palabra *rechazo* significa "rehusarse a aceptar [...] tomar para algún propósito o uso; negarse a escuchar, recibir o admitir". Equivale a "deshacerse de todo lo que no tenga valor",[1] o dicho de otra manera, "descartar lo inútil o de baja calidad".

Los estándares de Dios son tan perfectos que no hay forma de cumplirlos sin la sangre de Jesús. Por ello, siempre debemos poner nuestra fe en Él. No se trata de lo que podamos o no hacer: nunca seremos lo suficientemente buenos para Dios. La única manera de hacerlo, es siendo justificados por medio de la fe. Eso es todo. Sin fe es imposible agradar a Dios (Heb. 11:6)

Todo lo que no sea perfecto, no será aceptado por Dios. Solo las personas perfectas irán al cielo, y eso no lo logramos por nuestro propio esfuerzo. Usted es perfecto porque Jesús es perfecto. Usted es justo porque Él lo es. Su perfección se convierte en la de usted. Usted es justificado por su fe en Él. Tal vez algunos afirmen: "Dios nunca me rechazaría porque soy una buena persona. Puede que no sea un creyente como usted, pero no creo que Él me rechace". Sí, Dios podría rechazarlo.

Dios rechaza a todos, incluyéndolo a usted, a menos que usted venga a Él a través de Cristo, aceptando su sacrificio en la cruz. La sangre de Jesús lo cubrirá y lo mostrará sin pecados delante de Dios. Solo así estará calificado para ser aceptado por Dios.

"Así será al fin del siglo: saldrán los ángeles, y apartarán a los malos de entre los justos, y los echarán en el horno de fuego; allí será el lloro y el crujir de dientes".

—MATEO 13:49–50

He aquí otro ejemplo de rechazo. Dios rechaza lo malo, del mismo modo en que usted rechaza lo malo. Si usted recibe una carga de manzanas y hay una que está mala, ¿qué hace con ella? La rechaza, no se la come. Usted es sumamente cuidadoso con su cuerpo y no se va a comer algo que esté podrido. Si usted no recibe lo que pidió en el restaurante, lo devuelve. Dios opera de la misma manera: si algo no es correcto, si es maligno o inmoral, lo rechaza.

Al único al que Dios acepta es a Jesús, y usted no será aceptado, a menos que crea en Cristo. A muchos se nos ha dificultado entender esto. Pensamos que el mensaje de salvación implica ir a la iglesia y hacer esto, o dejar de hacer lo otro, aunque es cierto que debemos intentar hacer el bien como muestra de nuestro amor por Dios (ver Juan 14:15, 23) y como señal de crecimiento. Pero no ponga la carreta delante de los bueyes.

Algunos se quejan, diciendo: "No veo la razón por la que debemos ser salvados y estar en Cristo. ¿Para qué necesito a Cristo? ¿Qué hay de malo en ser hindú o musulmán?". No se trata de eso. Ninguna religión es lo suficientemente buena para que Dios nos acepte.

Dios es sagrado y sus estándares son mucho más elevados que los nuestros, Él busca la perfección, y nos entregó una ley que no podemos cumplir para que nos diéramos cuenta de cuánto necesitamos un Salvador. Dios sabía que sus mandamientos eran imposibles de cumplir. Él quería que la raza humana creyera que alguien vendría a morir por nuestros pecados para cubrirnos de justicia y salvación a través de la fe. Mientras tanto, cada año, el pueblo de Israel usaba la sangre de los animales para cubrir sus pecados. Pero siempre tuvieron fe en que llegaría alguien que llevaría sus pecados, el Mesías. Jesús le dijo a Nicodemo en Juan 3:16: "Porque de tal manera amó Dios al mundo, que ha dado a su hijo unigénito". La razón por la que el Señor entregó a su hijo es porque nos ama y entiende que lo único que podrá llevarnos al cielo es la perfección. Por ello, debemos permanecer en Jesús. Nuestra perfección no se basa en lo que hagamos o dejemos de hacer, sino en que estemos cubiertos por la sangre de Jesús. Él es la clave. ¡Confíe en Jesús!

5. Practique lo que predica

Cuando usted dice: "Tengo fe", ¿tal afirmación se ve reflejada en su estilo de vida? En Santiago 2, el apóstol habla de los que dicen creer en el Señor, pero su estilo de vida es un desastre. Viven como si Dios no tuviera normas. No se saben ni cinco versículos, y no tienen conocimiento espiritual alguno. La pregunta es: ¿Conocen realmente al Señor?

Tuve una tía que pensaba así. Ella solo sabía que conocía al Señor, pero era pecadora como nadie. Cuando acepté a Cristo, me sentía como David en la casa de Saúl: pensé que iba a asesinarme por haber sido salvado. Me decía: "No vengas a hablarme de la Biblia, yo fui a la iglesia cuando era niña". Ella era oriunda de un pequeño pueblo en Misisipi y jugaba la lotería. Cuando yo intentaba hablarle de las Escrituras para que aceptara al Señor, ella anotaba los números de las citas para jugarlos en la lotería. Yo en verdad pensaba que la estaba convenciendo cuando ella me pedía que repitiera: ¿Cómo fue que dijiste, 5:26? Yo alababa a Dios: ¡Señor, aleluya! Lo estoy logrando". Pero no era así. Ella utilizaba los números de los capítulos y versículos para jugarlos en la lotería.

Había otra señora a la que también llamaba tía, a pesar de ser una amiga cercana de la familia. Ella era organista, pero se la pasaba en un bar seis días a la semana, y los domingos tocaba el órgano en la iglesia. De hecho, no faltaba a un solo servicio. Así que le pregunté: "Tía, estuviste en el bar toda la semana. Maldices. ¿Cómo puedes decir que eres salva?". Ella se molestaba conmigo, ¡no podía decirle nada! Me dijo: "¿A qué te refieres con que no soy salva? ¿Piensas que porque ahora asistes a esa iglesia eres mejor que yo, verdad? ¡Yo he ido a la iglesia!".

Hay muchas personas así. Asisten a la iglesia, creen en Dios. Pero, ¿qué dice su estilo de vida? ¿Refleja el modo de vida de un verdadero creyente?

> "Hermanos míos, ¿de qué aprovechará si alguno dice que tiene fe, y no tiene obras? ¿Podrá la fe salvarle? Y si un hermano o una hermana están desnudos, y tienen necesidad del mantenimiento de cada día, y alguno de vosotros les dice: 'Id en paz, calentaos y saciaos', pero no les dais las cosas que son necesarias para el cuerpo, ¿de qué aprovecha? Así también la fe, si no tiene obras, es muerta en sí misma. Pero alguno dirá: Tú tienes fe, y yo tengo obras. Muéstrame tu fe sin tus obras, y yo te mostraré mi fe por mis obras".
>
> —Santiago 2:14–18

La fe va más allá de las palabras. También requiere de acciones. "Tú crees que Dios es uno; bien haces. También los demonios creen, y tiemblan" (Santiago 2:19). Entonces también los demonios son salvos, ¿no?

> "¿No fue justificado por las obras Abraham nuestro padre, cuando ofreció a su hijo Isaac sobre el altar? ¿No ves que la fe actuó juntamente con sus obras, y que la fe se perfeccionó por las obras? Y se cumplió la Escritura que dice: Abraham creyó a Dios, y le fue contado por

justicia, y fue llamado amigo de Dios. Vosotros veis, pues, que el hombre es justificado por las obras, y no solamente por la fe".

—Santiago 2:21–24

En otras palabras, Abraham probó su fe al demostrar que estaba dispuesto a sacrificar a su hijo. Sabía que si asesinaba a su hijo, Dios lo resucitaría, porque sabía que era su heredero. Así de grande era su fe. Abraham estaba totalmente convencido de que su hijo sobreviviría. Su fe demostró que era un hombre justo lleno de fe.

Lo que Dios acepta

"Entonces Pedro, abriendo la boca, dijo: 'En verdad comprendo que Dios no hace acepción de personas, sino que en toda nación se agrada del que le teme y hace justicia'".

—Hechos 10:34–35

No podemos impresionar a Dios. Él no nos acepta por nuestra posición, título o aspecto. Dios ve el corazón. No se preocupa por nuestro color, idioma o posición, sino que en cada país Él busca personas que le temen y hacen lo correcto. Él acepta a esas personas que fueron justificadas por medio de la sangre de Jesús y que llevan esa justicia en su estilo de vida consagrado.

Dios no acepta rebeldes, brujos, hechiceros, pervertidos, mentirosos, infieles y ladrones. Para nada está el Señor obligado a acogerlos.

Si usted siente que Dios no está escuchando sus oraciones, revise su corazón. Si siente que sus oraciones no van hacia ningún lado, revise su corazón. Si siente que Dios no lo acepta, revise su corazón. La Biblia dice: "Los sacrificios de Dios son el espíritu quebrantado; al corazón contrito y humillado no despreciarás tú, oh Dios" (Sal. 51:17). Dios acepta la humildad, la contrición, el temor (la reverencia) y la rectitud.

Es por esta razón que Dios aceptó al rey David, a pesar de haber cometido homicidio y adulterio. Dios no lo rechazó, porque vio su corazón y supo que ese comportamiento no era suyo en lo absoluto. Muy al contrario, David era un hombre a la imagen y semejanza del corazón del Señor, era un devoto que amaba a Dios. Los pecados que cometió no correspondían a su carácter. Aunque no hay excusas para lo que hizo, se arrepintió, por lo que Dios lo corrigió y lo aceptó. El simple hecho de cometer un error no implica que Dios nos va a rechazar, porque Él ve nuestro corazón, mientras que el hombre solo observa la apariencia externa.

Nuestro único anhelo debería ser llevar vidas que sean aceptables para Dios. Sin embargo, la gente hace lo que le parece. Deberíamos vivir intentando que Dios nos acepte como sacrificios vivos. Romanos 12:1 dice que presentemos nuestros cuerpos en sacrificio vivo, santo, agradable a Dios.

No sé qué piensa usted, pero yo quiero que mi adoración, oración, vida, entrega y servicio sea del agrado de Dios, a través de Jesucristo y del poder del Espíritu Santo. Ese es el motivo por el cual vivo.

El rechazo de Dios viene como resultado de su divinidad y justicia. Pero Él nunca nos rechazará si acudimos a Él. Si somos humildes, no nos cerrará la puerta en la cara. Pero no relajará sus estándares si adoptamos un estilo de vida que va en contra de su Palabra.

Buscar sabiduría, conocimiento y entendimiento luego del rechazo es una manera sana de avanzar después de la restauración. Precipitarse adoptando los espíritus de la rabia, la venganza y la autocompasión, traerá maldiciones en lugar de bendiciones. Del rechazo emergen oportunidades de aprender, crecer y volver a empezar.

CAPÍTULO 11

EL DIOS DE LA ABUNDANCIA

"Tierra, no temas; alégrate y gózate,
porque Jehová hará grandes cosas".

—JOEL 2:21

UANDO COMENZAMOS A sanar de la devastación o el rechazo, y comenzamos a reconstruir las puertas y los muros que estaban destruidos en nuestra vida, obtenemos la capacidad de mantenernos y morar en las bendiciones y abundancia de Dios. No podemos pretender vivir en la paz, gozo y prosperidad del Señor si nuestras vidas están desoladas y en ruinas. Con la ayuda del Espíritu de Dios, primero nos desharemos de la basura y de los escombros—la liberación—para luego comenzar a reedificar las puertas y los muros que nos defenderán del enemigo. Una vez restaurados, el enemigo no podrá robarnos o entorpecer las bendiciones que Dios tiene para nosotros.

Joel 2:21–29 habla de la restauración de Israel y, una vez más, se trata de una ilustración de nuestras vidas cuando buscamos a Dios para recibir salvación, sanación y restauración. La mayoría de las veces, cuando leemos estos versículos, en especial los versículos 28 y 29: "Y después de esto derramaré mi Espíritu sobre toda carne, y profetizarán vuestros hijos y vuestras hijas; vuestros ancianos soñarán sueños, y vuestros jóvenes verán visiones. Y también sobre los siervos y sobre las siervas derramaré mi Espíritu en aquellos días", lo hacemos en términos de avivamiento, evangelismo y el derramamiento del Espíritu Santo. Los pentecostales están especialmente familiarizados con estas palabras proféticas que se cumplen en Hechos 2.

La palabra profética de Joel está dirigida a Israel. Los israelitas sufrieron lo que se denominó como "invasión de las langostas". Dios se encargó de enviar estos insectos, langostas, orugas, ciempiés y literales, para que estas arrasaran con la tierra y la dejaran desolada. Históricamente, estas plagas de langostas son reconocidas por comerse todos los cultivos. Dado que Israel era un país agrícola, perder los sembradíos implicaba que no tendrían ni bendiciones ni recursos financieros, lo cual equivalía a una maldición. Pasó lo que Dios les advirtió que pasaría si rompían su pacto con Él. En Deuteronomio 28, Dios señaló que enviaría langostas, y estas llegaron y arrasaron con todo. Así que en Joel 2, encontramos a los israelitas acongojados. Estaban desolados y habían sufrido el juicio de Dios, pero Él les dio su palabra de que repararía los años que las langostas se habían comido.

Lo que nos muestra este revés es que a pesar de la desolación que puede haber en nuestra vida producto del rechazo, la desobediencia o la rebelión, Dios es misericordioso y restaurará el tiempo perdido.

Una de las cosas que hemos aprendido sobre la restauración, es que cuando Dios restaura algo, no solo devuelve lo que hemos perdido, sino que nos da mucho más. Esto queda demostrado en las historia de Job. La Biblia dice que Dios lo bendijo con el doble de lo que poseía antes del ataque del enemigo (Job 42:12-13). Analizaremos qué significa esto para nosotros utilizando los símbolos que aparecen en la narración de la liberación y restauración de Israel, en el Antiguo Testamento.

Dios hará cosas maravillosas

"Tierra, no temas; alégrate y gózate, porque Jehová hará grandes cosas".

—Joel 2:21

Esa fue la palabra dirigida a Israel, que también aplica para nosotros. Necesitamos recibirla hoy. Dios no quiere hacer cualquier cosa en nuestra vida, sino cosas grandes. La palabra grande significa de gran tamaño, fenomenal y maravilloso; algo que va más allá de lo común. Expandamos nuestra fe, creamos en Dios y esperemos que algo grande ocurra en nuestra vida.

Dios restaurará la prosperidad

"Animales del campo, no temáis; porque los pastos del desierto reverdecerán, porque los árboles llevarán su fruto, la higuera y la vid darán sus frutos".

—Joel 2:22

Cuando la restauración llega a nuestra vida, Dios nos devuelve la prosperidad. La desolación, la escasez y la pobreza son una maldición, mientras que la prosperidad y la abundancia representan bendición y restauración. Dios dice que la vid y la higuera ceden su fuerza, lo que implica que a medida que Dios comienza a restaurar la fuerza en nuestra vida, nos da la capacidad de producir frutos para manifestar la abundancia.

En la Biblia se nos llama árboles, específicamente árboles de justicia, plantío de Jehová (Is. 61:3). En Marcos 11:12–25 encontramos una historia que dice que Jesús maldijo una higuera porque era estéril. Jesús sintió hambre, y vio de lejos una higuera que tenía hojas, pero cuando se acercó no había ningún higo, así que la maldijo diciendo: "Nunca jamás coma nadie fruto de ti" (v. 14). Al día siguiente, sus discípulos vieron que la higuera se había secado desde las raíces (v. 20). Dios maldice la esterilidad. De ahí que lo improductivo, árido y estéril represente la maldición de Dios.

Pero como nosotros ya no estamos bajo maldición, Dios desea eliminar toda esterilidad de nuestra vida. Él quiere que nazca el fruto del Espíritu: amor, gozo, paz, paciencia, etcétera (Gl. 5:22–23). Dios quiere que nuestra vida sea fructífera, porque cuando es así, otras personas pueden comer de nuestro fruto, y esto es importante. Nuestra capacidad de llevar frutos no es solo para nosotros. Dios nos bendice para que seamos una bendición para otros.

Dios abrirá las ventanas del cielo en nuestra vida

"Vosotros también, hijos de Sion, alegraos y gozaos en Jehová vuestro Dios; porque os ha dado la primera lluvia a su tiempo, y hará descender sobre vosotros lluvia temprana y tardía como al principio".

—Joel 2:23

A lo que Dios se refiere es que "Él va a abrir la ventanas del cielo y dejará que la lluvia caiga sobre la tierra". En la Biblia, la lluvia simboliza la bendición, fertilidad y abundancia. Cuando esta falta en la vida de una persona, representa maldición, esterilidad y desolación.

Jamás crea que la voluntad de Dios es que usted esté desolado o que los cielos estén cerrados para usted. Por el contrario, Él anhela dejar caer sobre usted no solo lluvia, sino lluvia temprana y tardía. Él afirma: "Yo te daré lluvia en abundancia".

DIOS REBOSARÁ SU VIDA

"Las eras se llenarán de trigo, y los lagares rebosarán de vino y aceite".

—JOEL 2:24

Independientemente de aquello en lo que necesitemos ser restaurados, cuando Dios lo haga, nos rebosará de una bonanza que sobreabundará. Abrirá las ventanas del cielo y dejará caer sobre nosotros tantas bendiciones que no tendremos espacio suficiente para recibirlas.

La inundación es una de las señales de la restauración. Dios dijo que como consecuencia de la lluvia, una gran cosecha crecería en Israel, que el pueblo tendría enormes cantidades de trigo, vino y aceite, y que sus depósitos estarían repletos. Sus vetas desbordarían vino y aceite, y habría abundancia. Luego de que las langostas llegaron y arrasaron con todo, había pobreza y escasez, pero ahora Dios le decía a Israel: "Soy el Dios de la restauración, las langostas, las orugas y los ciempiés acabaron con todo. Ustedes quedaron desolados, pobres, sumidos en la escasez. Fueron avergonzados y no tenían lo suficiente. Pero grandes cosas están por llegar a sus vidas. Derramaré profusamente sobre ustedes para que lleguen frutos en abundancia. Las tierras estériles serán fértiles. El trigo arribará en su plenitud. También habrá vino y aceite. Generaré abundancia, una inundación".

Si usted cree en la restauración de Dios, también debe creer que Dios le dará mucho más de lo que le dio antes.

Algunas personas consideran que tienen lo justo. "Tengo lo suficiente, estoy satisfecho". "Señor, solo permíteme subsistir la semana, el año". Pero yo pienso que Dios es el Dios de la abundancia. Tal como lo hizo con Job, Dios le dará lo necesario, y usted no solo subsistirá ese año, sino todos los años por venir. ¿No sería bueno que Dios le proveyera lo suficiente para que usted no tuviera que preocuparse por este año, ni por ninguno de los años por venir? Dios no quiere que pase el año y que usted tenga que decir el 31 de diciembre: "¡Qué alivio! Lo logramos en la raya". Dios quiere que usted rebose en bendiciones.

DIOS RESTAURARÁ LO QUE SE PERDIÓ EN EL PASADO

"Y os restituiré los años que comió la oruga, el saltón, el revoltón y la langosta, mi gran ejército que envié contra vosotros".

—JOEL 2:25

Las plagas presentadas en estos versículos simbolizan demonios. Las langostas, las orugas, los saltones y los revoltones reflejan espíritus impuros. Estas plagas vinieron físicamente como un ejército que Dios envío para que devorara la tierra y los cultivos luego de que el pacto fue quebrantado, pero en lo espiritual, aun en la actualidad, representan espíritus de demonios que llegan a arrasar con las bendiciones de Dios en nuestra vida. Jehová quiere que nos liberemos de ellos, porque quieren acabar con nuestras finanzas, gozo, matrimonios, familias, hijos, pastores y todo lo demás que hayamos conseguido. Incluso quieren acabar con nuestro tiempo. Por eso el Señor dice: "Voy a restituirte los años".

Sabemos que no podemos devolver el tiempo, así que Él no se refiere al tiempo físico. Lo que Él dice es que nos devolverá todos los cultivos que el enemigo exterminó en el pasado. Eso significa que no solo se nos dará lo del presente año, sino que nos restituirá lo que poseíamos en años anteriores.

ESTAREMOS SATISFECHOS

"Las eras se llenarán de trigo, y los lagares rebosarán de vino y aceite. [...] Comeréis hasta saciaros, y alabaréis el nombre de Jehová vuestro Dios".

—JOEL 2:24, 26

Observe los verbos utilizados en estos versículos: *llenar*, *rebosar* y *saciar*. Dios emplea palabras que representan prosperidad. *Saciarse*, significa que usted no necesitará nada. Se sentirá satisfecho, tendrá suficiente, no solo en lo financiero, sino también en lo que respecta a la alegría, la paz, la justicia, las bendiciones, los favores, la unción, la adoración y la alabanza. Representa todo lo que se obtienen al servir y adorar a Dios. Estaremos satisfechos.

Dios no quiere que estemos insatisfechos, porque esa no es su bendición. La bendición del Señor nos enriquece y no añade tristeza con ella (Pr. 10:22).

JAMÁS NOS SENTIREMOS AVERGONZADOS

"Comeréis hasta saciaros, y alabaréis el nombre de Jehová vuestro Dios, el cual hizo maravillas con vosotros; y nunca jamás será mi pueblo avergonzado".

—JOEL 2:26

Hemos hablado del espíritu de vergüenza y de la culpa que surge en un individuo que ha sido despojado y malogrado por el enemigo. Al restaurarlo, Dios quiere hacer algo en usted que garantice que nunca más se sienta avergonzado, para que no vuelva a estar cabizbajo y nadie lo vea por encima del hombro. Dios desea hacer algo tan maravilloso en su vida, que causará asombro en aquellos que creían conocerlo bien. Todo el que se haya burlado de usted, o que lo ha criticado, lo verá restaurado y dirá: "No sé qué ocurrió pero sin duda Dios ha hecho un buen trabajo".

Deseo que Dios haga algo tan espectacular en su vida a través de la restauración, que la gente se pregunte: "¿Es esta la misma persona que conocía?".

Dios puede bendecirlo tanto que hará que los escépticos y detractores se pregunten qué pasó en su vida. Dejará atrás la vergüenza, y comenzará a sentir confianza por el que lo levantó y lo sacó de esa pesadilla.

La restauración es obra del Espíritu Santo

Cuando Dios bendice a alguien, no hay nada que la gente pueda hacer. Cuando restaura a una mujer, no hay nada que la gente pueda hacer. Cuando Dios hace algo en nuestra vida, lo que diga o haga la gente no cambiará nada. El apóstol Pablo escribió: "Si Dios es por nosotros, ¿quién contra nosotros?" (Ro. 8:31). Cuando Dios nos levanta, nadie puede derribarnos. Cuando Él ha puesto su gloria y su favor en nuestra vida, aquellos que hablaban de nosotros y nos miraban, se sentirán avergonzados. El Señor nos exaltará y nos hará progresar, aderezará una mesa delante de nosotros en presencia de nuestros angustiadores; ungirá nuestra cabeza con aceite, y nuestra copa estará rebosando (ver el Salmo 23), y no hay nada que la gente pueda hacer.

La restauración no depende del hombre; es algo entre nosotros y Dios, y nada tiene que ver la opinión de los demás. Si fuera así, ni siquiera estaríamos presentes en la habitación. Nos enviarían al final de la línea porque según los parámetros del mundo, no somos aptos. Tenemos la talla, el color, el género y la edad equivocados. Pero a Dios poco le interesa lo que los demás piensen de nosotros. Nuestra restauración no es trabajo de los hombres, sino de Dios. Mientras los hombres nos decepcionan, Dios hace exactamente lo que Él dijo que haría.

El derramamiento del Espíritu Santo lo hará soñar de nuevo
En Joel 2:28, el Señor dice que derramará su Espíritu. Fíjese que la venida del Espíritu Santo el día de Pentecostés fue el comienzo de la restauración. Esto nos demuestra que la obra de restauración le pertenece al Espíritu de Dios. Asimismo, nos dice que tan pronto nuestra vida es restaurada, llega la unción profética. Dios dijo: "Vuestros hijos e hijas profetizarán".

El retorno de la capacidad de soñar es una de las bendiciones que Dios trae con la restauración. Él nos devuelve la visión, todos nuestros sueños perdidos, y todo aquello que pensamos que podría pasar pero no pasó. Elimina toda desilusión y angustia. La restauración de Dios restituye nuestra habilidad de soñar.

Cuando éramos niños soñábamos, teníamos una gran imaginación. Cuando empezamos a crecer, la vida comenzó a desvanecer nuestras esperanzas, sueños y visiones. Con la llegada del Espíritu Santo, comenzaremos a soñar de nuevo, y recobraremos la visión. Dios restituirá nuestra capacidad de ver el futuro y ya no habrá desesperanza. Comenzaremos a ver lo que no veíamos.

Dios envió su Espíritu, nuestro Consolador, para que nos trajera restauración. Cuando nos llenamos del Espíritu Santo y comenzamos a caminar de su mano, nos volvemos capaces de lograr cosas grandes y maravillosas.

LLENOS DEL ESPÍRITU SANTO

En la iglesia ya no se habla tanto de llenarse del Espíritu Santo y de caminar en el Espíritu. Hay una diferencia entre aquellos que están llenos el Espíritu y los que no. Los que acogen al Espíritu Santo saben cómo caminar en el Espíritu. Él los lleva a un nivel de fe y victoria que habría sido imposible de alcanzar sin Él.

El Espíritu de Dios marca la diferencia. Los que no tienen al Espíritu Santo, viven en la carne y son incapaces de entender a Dios. Es difícil explicarle lo espiritual a quien no es espiritual. Es un ámbito y una dimensión distinta.

Dios quiere que recibamos al Espíritu Santo, porque a través de Él se inicia el proceso de restauración. Dios se sirve de la historia de Nehemías, cuyo nombre significa "El Consolador" para demostrar que la restauración comienza con la venida del Espíritu Santo. A partir de allí, el Espíritu se moverá en nuestras vidas, enviará señales y hará maravillas y milagros. No hay límite para una vida que está llena del Espíritu Santo.

La unción del Espíritu Santo no solamente significa que hablemos en lenguas. También trae consigo una capacitación sobrenatural para tener una vida llena de milagros, sanaciones, bendiciones y prosperidad.

Permita que el Espíritu Santo se avive en su interior. Cuando tenga problemas, no titubee. Levante las manos, ore en lenguas y permita que el Espíritu Santo interceda por usted. Él se moverá su interior con toda autoridad y usted vencerá. Porque vendrá el enemigo como río, más el Espíritu de Jehová levantará bandera contra él (Is. 59:19).

El Espíritu Santo no es solo para el día que vamos a la iglesia. Al contrario, está presente durante toda la semana. Él es el Espíritu Santo cuando enfrentamos situaciones imposibles. Él es el Espíritu Santo en la enfermedad y la muerte. Él es el Espíritu Santo en cualquier situación que enfrentemos. Él es el Espíritu Santo cuando el demonio ataca nuestras finanzas y nuestra alegría. Él es el mismo Espíritu Santo que nos hará trascender cualquier límite o barrera. Él es el Espíritu Santo que nos llevará en su regazo para escalar muros y cruzar fronteras. Él es el Espíritu Santo, para quien no hay nada imposible. El Cuerpo de Cristo necesita que haya más personas plenas del Espíritu Santo. No me refiero a que hablen en lenguas, sino que vivan y caminen en Él. Los que están llenos del Espíritu y la unción de Dios, creen en el poder del Señor ante cualquier circunstancia.

Si usted está verdaderamente lleno del Espíritu Santo, puede decir: "Porque mayor es el que está en mí, que el que está en el mundo" (1 Jn. 4:4). El más grande mora en usted.

CAPÍTULO 12

ORACIONES QUE DESTRUYEN EL ESPÍRITU DEL RECHAZO

"Claman los justos, y Jehová oye, y los libra de todas sus angustias".

—SALMO 34:17

L A ORACIÓN ES un arma poderosa para los creyentes que rechazan las obras de la oscuridad (Sal. 139:21). Al orar, derribamos reductos y reforzamos la victoria de Jesús sobre Satanás ganada en la cruz. Por medio de la oración, ejecutamos el juicio a Satanás y respaldamos el hecho de que los principados y las potestades fueron despojados (Col. 2:15). De ahí que sea tan desafortunado que haya creyentes a los que les cuesta orar. Muchos alegan que no saben cómo orar y otros se sienten desmotivados a hacerlo. Es por ello que muchos aspectos de sus vidas siguen estando oprimidos por el enemigo.

Hace tiempo Dios me enseñó la importancia de predicar la Palabra a fin de vencer la resistencia espiritual que pudiera haber hacia su plan para mi vida. El Espíritu Santo me ayudó a entender las Escrituras y la manera de utilizarlas en la oración para continuar mi camino a la victoria.

Cuando fundamentamos nuestras oraciones en la Palabra de Dios, nos inspiramos para orar. Confesar la Palabra de Dios expandirá nuestra capacidad de orar y avivará al espíritu de la oración en nosotros. Se nos pide que oremos en todo momento con toda clase de oración (Ef. 6:18). Orar la Palabra nos hará decir plegarias que normalmente no habríamos considerado, derribando barreras en nuestra vida de oración. Leer, estudiar y meditar en las promesas de Dios nos motivarán a orar. Dios nos ha hecho promesas magníficas que nos ayudarán y nos librarán de la mano del enemigo, además de sanarnos y prosperarnos. Mediante la oración llena de fe heredamos esas promesas (Heb. 6:12).

He reunido la siguiente colección de oraciones, especialmente dirigidas a atacar demonios que operan en el espíritu del rechazo. Las extraje de libros de liberación y batalla espiritual que he escrito a través de los años. También incluyo oraciones nuevas que he creado mientras he transmitido estos principios a los creyentes de todo el mundo. Creo que estas oraciones le ayudarán a recibir liberación y restauración de la desolación del rechazo.

ORACIONES PARA LIBRARSE DEL RECHAZO

Las cuerdas me cayeron en lugares deleitosos, y es hermosa la herencia que me ha tocado (Sal. 16:6).

Señor, eres mi luz y mi salvación. Eres la fortaleza de mi vida; ¿de quién he de atemorizarme? (Sal. 27:1).

El Señor está conmigo; no temeré lo que me pueda hacer el hombre (Sal. 118:6).

Fuiste despreciado y rechazado. Conoces mi dolor y mi pena. Y por tu llaga fui curado del rechazo (Is. 53:3–5).

Creo y acepto lo que has dicho de mí. Tu verdad me libera del espíritu de rechazo (Jn. 8:32).

Mi rechazo fue clavado en la cruz. Me liberaste, y por lo tanto soy libre (Jn. 8:36).

Declaro que me has santificado en tu verdad; tu palabra es verdad (Jn. 17:17).

Soy más que un vencedor (Ro. 8:37).

Soy hecho justicia de Dios en él (2 Co. 5:21).

Estoy bendecido con toda bendición espiritual en los lugares celestiales en Cristo (Ef. 1:3).

He sido escogido por Dios desde antes de la fundación del mundo (Ef. 1:4).

Soy santo y sin mancha (Ef. 1:4).

He sido adoptado como tu hijo, según el puro afecto de tu voluntad (Ef. 1:5).

He sido aceptado en el Amado (Ef. 1:6).

Soy redimido por la sangre de Jesús (Ef. 1:7).

Soy heredero (Ef. 1:11).

Estoy sentado en los lugares celestiales con Cristo Jesús (Ef. 2:6).

Soy hechura del Señor, creado en Cristo Jesús para buenas obras (Ef. 2:10).

Soy conciudadano de los santos, y miembro de la familia de Dios (Ef. 2:19).

Mi hombre interior es fortalecido por su Espíritu (Ef. 3:16).

Estoy arraigado y cimentado en el amor (Ef. 3:17).

He sido renovado en el espíritu de mi mente (Ef. 4:23).

Yo ando en amor (Ef. 5:2).

Estoy lleno del Espíritu de Dios (Ef. 5:18).

Fui sanado (1 P. 2:24).

Me han sido dadas promesas valiosas y grandísimas, para que por ellas llegue a ser participante de la naturaleza divina (2 P. 1:4).

Soy nacido en Dios, y por ello soy victorioso (1 Jn. 5:4).

He vencido por medio de la sangre del Cordero (Ap. 12:11).

ORACIONES PARA AUMENTAR LA FE

Declaro que mi fe en el poder de Jesucristo es extraordinaria, como se ha hallado en ningún otra parte (Mt. 8:10).

Que me sea hecho conforme a mi fe (Mt. 9:29).

Activo mi fe del tamaño de un grano de mostaza y le digo a este monte de enfermedad y padecimiento: "Quítate de aquí, y vete a otro lugar". Nada se me hará imposible (Mt. 17:20).

Tengo fe en Dios (Mr. 11:22).

Ando en paz porque mi fe me ha salvado (Lc. 7:50).

Pido al igual que los apóstoles al Señor: "¡Aumenta mi fe!" (Lc. 17:5).

Mi fe no me faltará (Lc. 22:32).

Como Esteban, hago grandes prodigios y señales porque estoy lleno de fe (Hch. 6:8).

El justo por la fe vivirá (Ro. 1:17).

La justicia de Dios me es revelada por medio la fe en Jesucristo (Ro. 3:22).

Estoy justificado por medio de mi fe en Jesús (Ro. 3:26).

Por fe me son aseguradas las promesas de Dios, la semilla de Abraham (Ro. 4:16).

No dudaré de las promesas de Dios, sino que me fortaleceré en fe, dando gloria a Dios (Ro. 4:20).

Tengo acceso por la fe a la gracia de Dios (Ro. 5:2).

Mi fe aumenta por el oír, y el oír, por la palabra de Dios (Ro. 10:17).

Mi fe no está fundada en la sabiduría de los hombres, sino en el poder de Dios (1 Co. 2:5).

El Espíritu de Dios me ha dado el donde de la fe (1 Co. 12:9).

He sido restaurado y ungido por Dios (2 Co. 1:21).

Ningún hombre tiene dominio sobre mi fe. Me muevo por medio de ella (2 Co. 1:24).

Ando por fe, no por vista (2 Co. 5:7).

Soy hijo de Abraham porque tengo fe (Gl. 3:7).

Por fe recibo las promesas de Dios en mi vida (Gl. 3:22).

Soy hijo de Dios por la fe en Cristo Jesús (Gl. 3:26).

Gracias a mi fe en Jesús tengo acceso directo y garantizado a Dios (Ef. 3:12).

Tomo el escudo de la fe y apago todos los dardos de fuego del maligno (Ef. 6:16).

Fui resucitado a la vida, mediante la fe en Cristo (Col. 2:12).

Me he vestido con la coraza de la fe y el amor (1 Tes. 5:8).

No sufriré naufragio en mi vida, porque tengo fe y una buena consciencia (1 Tim. 1:19).

He ganado para mí un lugar de honor y mucha confianza en la fe que es en Cristo Jesús (1 Tim. 3:13).

No seré perezoso, sino imitador de aquellos que por la fe y la paciencia heredan las promesas de Dios (Heb. 6:12).

Declaro que, gracias a mi fe, veo la evidencia de las cosas en las que tengo fe (Heb. 11:1).

Veo a través de los ojos de la fe la promesa de cosas lejanas y estoy persuadido por su realidad, creyéndolas y acogiéndolas, sabiendo que soy un extranjero y peregrino sobre la tierra (Heb. 11:13).

Me desharé de cualquier atadura que intente atraparme, enfocado en mi fe, sosteniéndome como viendo al Invisible (Heb. 11:27).

Decreto y declaro que por la fe pasaré mis juicios en tierra seca y mis enemigos serán ahogados (Heb. 11:29).

Rodearé los muros inmovibles de mi vida, y por la fe caerán (Heb. 11:30).

Por la fe conquistaré reinos, haré justicia, alcanzaré promesas y taparé la boca de leones (Heb. 11:33).

Permaneceré firme, sin dudar. Iré con confianza ante Dios pidiendo con fe (Stg. 1:6).

Mi fe está viva (Stg. 2:17).

Mostraré mi fe a través de mis obras (Stg. 2:18).

Declaro que mi fe actúa juntamente con mis obras. Y que mi fe se perfecciona por medio de esas obras (Stg. 2:22).

Hago la oración de fe y veré al enfermo salvarse y levantarse (Stg. 5:15).

Mi fe y esperanza están en Dios (1 P. 1:21).

ORACIONES POR VALENTÍA Y CORAJE

Seré fuerte y valiente, no temeré, porque Jehová estará conmigo dondequiera que vaya (Jos. 1:9).

Tendré la valentía de guardar y hacer todo lo Jehová me diga (Jos. 23:6).

Seré valiente y Jehová estará conmigo (2 Cr. 19:11).

Aguardaré a Jehová, me esforzaré y Él alentará mi corazón (Sal. 27:14).

Estoy confiado como un león (Pr. 28:1).

Los hombres verán mi valentía y que reconocerán que he estado con Jesús (Hch. 4:13).

Señor, concédeme el valor para hablar tu palabra (Hch. 4:29).

Permítame estar lleno del Espíritu Santo para hablar abiertamente la palabra de Dios (Hch. 4:31).

Tengo seguridad y acceso seguro por medio de la fe en Él (Ef. 3:12).

Señor, te pido con toda clase de plegaria y suplica que pueda hablar claramente para dar a conocer los misterios del evangelio (Ef. 6:19).

Concédame más valor para predicar tu Palabra sin temor (Flp. 1:14).

Tengo mucha confianza en la fe de Cristo Jesús (1 Tim. 3:13).

Tengo mucha libertad en Cristo (Fil. 1:8).

Me acerco confiadamente al trono de la gracia, para alcanzar misericordia y poder para ayudar en los momentos de necesidad (Heb. 4:16).

Tengo libertad para entrar en el Lugar Santísimo por la sangre de Jesucristo (Heb. 10:19).

Digo confiadamente: "El Señor es mi ayudador, no temeré lo que me pueda hacer el hombre" (Heb. 13:6).

Tendré confianza en el día del juicio, pues como Él es, así soy yo en este mundo (1 Jn. 4:17).

Oraciones por la pureza sexual

En el nombre de Jesús, renuncio a todo pecado sexual en el que haya estado involucrado en el pasado, incluyendo fornicación, masturbación, pornografía, perversión, fantasías y adulterio.

En el nombre de Jesús, rompo todas las maldiciones de adulterio, perversión, fornicación, lujuria, incesto, violación, abuso sexual, ilegitimidad, prostitución y poligamia.

En el nombre de Jesús, le ordeno a los espíritus de la lujuria y la perversión que salgan de mi estómago, genitales, ojos, mente, boca, manos y sangre.

En el nombre de Jesús, libero el fuego de Dios para que queme la lujuria impura de mi vida.

En el nombre de Jesús, rompo todo lazo impío, como amantes y parejas sexuales del pasado.

En el nombre de Jesús, expulso los espíritus de la soledad que me dirigen a relaciones sexuales impías.

En el nombre de Jesús, ordeno a los espíritus de la lujuria heredada de mis ancestros que salgan.

En el nombre de Jesús, ordeno a los espíritus de brujería asociados con impureza sexual que se vayan.

En el nombre de Jesús, tomo el dominio de mis pensamientos y ato a todo espíritu de fantasía y de pensamientos lujuriosos.

En el nombre de Jesús, expulso a todos los espíritus lujuriosos destructores de matrimonios que pueden romper mi pacto.

En el nombre de Jesús, me libero y expulso todo espíritu sexual espiritual, íncubos y súcubos.

En el nombre de Jesús, expulso a los espíritus de la perversión, incluyendo los espíritus Moabita y Amonita de la lujuria,

Recibo el espíritu de la santidad en mi vida para vivir en pureza sexual (Ro. 1:4).

Estoy crucificado juntamente con Cristo. No permitiré que reine el pecado en mi cuerpo mortal y no obedeceré sus concupiscencias (Ro. 6:6–12).

Presento mi cuerpo al Señor en sacrificio vivo (Ro. 12:1).

Mis miembros son los miembros de Cristo, y no permitiré que se conviertan en los de una ramera.

Me libero del espíritu del mundo, del deseo de la carne, de la lujuria de los ojos y del orgullo. Venzo al mundo por el poder del Espíritu Santo (1 Juan 2:16).

ORACIONES PARA CONTRARRESTAR EL PODER DEL LEVIATÁN

En el nombre de Jesús, rompo toda maldición de orgullo y el leviatán en mi vida.

Derribaré a los demonios orgullosos que se exalten sobre tu pueblo.

Dios resiste al orgulloso. Tu poder va en contra de aquellos que se han revelado en tu contra.

Rompe la soberbia del poder del leviatán (Lv. 26:19).

Pon vigilancia sobre el leviatán (Job 7:12).

Destruye al leviatán con tu entendimiento (Job 26:12).

Manifiesta tu ira y humilla al leviatán (Job 40:11).

Mira al leviatán y humíllalo, aplástalo donde está (Job 40:12).

Rompe los dientes de leviatán y arranca el despojo de su boca (Job 41:14).

Rasgo las escamas del leviatán y lo despojo de su coraza (Job 41:15; Lc. 11:22).

El pie de la soberbia no vendrá contra mí (Sal. 36:11).

Oh Jehová, destruye la cabeza de los monstruos en las aguas (Sal. 74:13).

Magulla las cabezas del leviatán (Sal. 74:14).

Oh Jehová, da el pago al leviatán (Sal. 94:2).

No permitas que el leviatán me oprima (Sal. 119:122).

No permitas que pasen sobre mi alma las aguas impetuosas (Sal. 124:5).

Reprendo y destruyo toda trampa que el enemigo ha confabulado contra mí (Sal. 140:5).

Castiga con tu espada dura y fuerte al leviatán, la serpiente veloz, y al leviatán, la serpiente tortuosa (Is. 27:1).

Romperé la corona de la soberbia (Is. 28:1).

Deja que se sequen las aguas de las profundidades y destruye el espíritu del leviatán (Is. 44:27).

Que el espíritu de soberbia tropiece y caiga (Jer. 50:32).

Declaro sequedad sobre las aguas del leviatán (Jer. 50:38; 51:36).

ORACIONES QUE DESTRUYEN AL ESPÍRITU DE LA SOBERBIA

Le ordeno al espíritu de la soberbia que cese de perseguir a los pobres.

Que la soberbia de Israel sea aplacada en el nombre de Jesús.

Jehová prevalece sobre el espíritu de la soberbia (Éx. 18:11).

Jehová aplacará el orgullo. Él hará mi cielo como hierro y mi tierra como bronce (Lv. 26:19).

No permitiré que palabras de orgullo y arrogancia salgan de mi boca (1 S. 2:3).

Como el rey Ezequías, haz que los líderes soberbios se humillen para que no caiga sobre sus pueblos la ira de Jehová (2 Cr. 32:26).

Gracias Jehová por apartarme de mis malos caminos y ocultar mi soberbia para que mi alma se mantenga alejada de la cantera y evitar que yo perezca por la espada (Job 33:17).

Señor, ato el espíritu de la soberbia. Por favor responde a mis súplicas (Job 35:12).

Permite que el espíritu sea atrapado en los artificios que ha ideado (Sal. 10:2).

Jehová humillará los ojos altivos (Sal. 18:27).

No permitas que el pie de la soberbia se pose mí, y no dejes que la mano de los impíos me muevan (Sal. 36:11).

No respeto ni la soberbia ni a quienes se desvían tras la mentira. He puesto en Jehová mi confianza (Sal. 40:4).

El orgullo no será mi corona ni la violencia me cubrirá cual vestido (Sal. 73:6).

El Señor no tolerará ojos altaneros ni un corazón vanidoso (Sal. 101:5).

Señor, mi corazón no se ha envanecido (Sal. 131:1).

Temo a Jehová, por eso aborrezco el mal, la soberbia, la arrogancia y el mal camino. Aborrezco la boca perversa (Pr. 8:13).

Reprendo a la vergüenza que viene con el espíritu de la soberbia (Pr. 13:10).

Abominación es a Jehová la altivez del corazón. Ciertamente no quedará impune (Pr. 16:5).

Destruyo el espíritu de la soberbia para no caer y ser destruido (Pr. 16:18).

Estoy contra el espíritu de la soberbia y arrogancia del hombre que obra en la insolencia de su presunción (Pr. 21:24).

No seré sabio ante mis propios ojos (Pr. 26:12).

Permitiré que el extraño me alabe y no mi propia boca, el ajeno y no mis propios labios (Pr. 27:2).

Destruiré el espíritu de la soberbia, no me humillará; tendré un espíritu humilde (Pr. 29:23).

Permite que el Señor haga cesar la arrogancia de los soberbios y abata la altivez de los fuertes (Is. 13:11).

Acaba con la soberbia de Moab. Muy grandes son su soberbia, su arrogancia y altivez, pero sus mentiras no serán firmes (Is. 16:6).

Señor, deshonra el espíritu del orgullo (Is. 23:9).

Como la extiende el nadador, extiende tu mano Señor y derriba al soberbio y la destreza de sus manos (Is. 25:11).

Permite que sea pisoteada la corona de soberbia de los ebrios de Efraín (Is. 28:3).

Jehová, apaga la soberbia de Judá y la mucha soberbia de Jerusalén (Jer. 13:9).

Espíritu de la soberbia, escucha y oye, pues Jehová ha hablado (Jer. 13:15).

Haz que el soberbio tropiece y caiga y que no tenga quien lo levante. Haz que Jehová encienda fuego en sus ciudades para que queme todos sus alrededores (Jer. 50:32).

Caerán los que sostienen a Egipto y la altivez de su poderío caerá. También caerán aquellos que están en ella a filo de espada (Ez. 30:6).

Los que andan con soberbia serán humillados por el Rey del cielo (Dn. 4:37).

En el nombre de Jesús, expulso la soberbia de mi vida. No tropezaré con mi iniquidad como Israel (Os. 5:5).

El espíritu de la soberbia no me dominará. No estaré devastado en el día del castigo (Os. 5:9).

No permitas que testifiquen contra Él en su cara, y no se vuelvan a Jehová su Dios (Os. 7:10).

Entrega al enemigo la ciudad y cuanto hay en ella (Am. 6:8).

No permitas que me engañe la soberbia de mi corazón. He sido derribado a tierra (Ab. 3).

El espíritu de la soberbia no me dejará arrasado (Lc. 1:51).

No me atreveré a contarme y compararme con algunos que se alaban a sí mismos. Ellos no son sabios (2 Co. 10:12).

No seré un neófito que envaneciéndose cae en la condenación del diablo (1 Tim. 3:6).

Jehová resiste a los soberbios. Permíteme ser como los humildes que reciben la gracia de Dios (Stg. 4:6).

Aplasto el espíritu del orgullo. No proviene del Padre, sino del mundo.

DECLARACIONES DE SANACIÓN

He sido sanado por las heridas de Jesús. Él tomó mi enfermedad, cargó mi dolor. Creo que mi sanación es la voluntad de Dios.

En el nombre de Jesús, derribo toda maldición de debilidad, enfermedad y muerte prematura de mi cuerpo.

En el nombre de Jesús, derribo toda maldición de brujería y destrucción de mi cuerpo de ambos lados de la familia.

En el nombre de Jesús, ordeno a cada enfermedad de mi cuerpo que se vaya.

En el nombre de Jesús, ordeno a la diabetes, a la presión arterial alta, al cáncer, a los ataques cardíacos, a la apoplejía y a la esclerosis múltiple que se aparten y se arrojen al mar.

Ordeno a las afecciones cardíacas, del riñón, de la espalda, los pulmones y el hígado, que se aparten y se arrojen al mar.

Ordeno a los padecimientos de la sangre y de los huesos que se aparten y se arrojen al mar.

Le ordeno al lupus y cualquier otra enfermedad que salga de mi cuerpo.

En el nombre de Jesús, le ordeno a toda enfermedad oculta que salga de mi cuerpo.

Artritis, dolor y reumatismo, deben irse en el nombre de Jesús.

En el nombre de Jesús, le ordeno a todo dolor que salga de mi cuerpo. En el nombre de Jesús, arremeto contra los padecimientos de la piel.

En el nombre de Jesús, le ordeno a toda infección que salga de mi cuerpo.

En el nombre de Jesús, ordeno que salga de mi cuerpo todo problema respiratorio, asma, fiebre del heno, sinusitis, congestión y neumonía.

En el nombre de Jesús, debe irse toda dolencia de las coyunturas y dolor. Arremeto contra de toda dolencia y enfermedad que me afecten como mujer: lupus, fibromas y tumores en mis órganos femeninos. ¡Ordeno que mueran esos tumores! En el nombre de Jesús, libero el fuego de Dios para que los queme.

Arremeto en contra de problemas nerviosos, insomnio y reflujo. Dios no me concedió el espíritu de temor, pero sí el de amor, poder y sano juicio.

Las afecciones cardíacas y respiratorias, arritmias, anginas y ataques deben salir de mi cuerpo. Soy templo del Espíritu Santo. Váyanse en el nombre de Jesús.

Los problemas digestivos, las alergias alimentarias, no tienen espacio en mi cuerpo. Deben irse en el nombre de Jesús.

En el nombre de Jesús, expulso toda adicción a los analgésicos.

Las afecciones de cuello y la espalda, los discos gastados, las hernias discales, realinéense y vuelvan a su lugar en el nombre de Jesús.

En el nombre de Jesús, hago descender milagros sanadores sobre mi cuerpo.

A donde quiera que vaya, creo en los milagros de Dios en mi vida y familia.

Gracias Señor por sanarme y ayudarme en la enfermedad y el dolor.

A todas las afecciones: deben obedecer.

Milagros, sanaciones, señales y maravillas, desciendan sobre mí en el nombre de Jesús.

Gracias Señor por la salud y la sanación que viene en camino.

ORACIONES QUE EXPULSAN EL ESPÍRITU DE LA DEBILIDAD

Jehová, perdóname por permitir que los temores, el desprecio hacia mí mismo, mi indisposición a perdonar, la amargura, los pecados, la soberbia o la rebelión abran la puerta a cualquier enfermad o debilidad. Las rechazo en el nombre de Jesús.

En el nombre de Jesús, rechazo y expulso cualquier espíritu de cáncer que intente instalarse en mis pulmones, huesos, pecho, garganta, columna, riñones, páncreas, piel o estómago.

En el nombre de Jesús, rechazo y expulso todo espíritu que cause diabetes, presión arterial alta o baja, ataques cardíacos, apoplejía, fallas del riñón, leucemia, enfermedades en la sangre, afecciones respiratorias, artritis, lupus, Alzheimer o insomnio.

Aplasto todas las maldiciones de enfermedades y ordeno que se vayan todos los espíritus de enfermedades hereditarias.

En el nombre de Jesús, expulso todo espíritu de debilidad que haya entrado a mi vida por la soberbia.

En el nombre de Jesús, expulso todo espíritu de debilidad que haya entrado a mi vida por traumas o accidentes.

En el nombre de Jesús, expulso todo espíritu de debilidad que haya entrado a mi vida por el rechazo.

En el nombre de Jesús, expulso todo espíritu de debilidad que haya entrado a mi vida por la brujería.

En el nombre de Jesús, ordeno que mueran todos los gérmenes o enfermedades que toquen mi cuerpo.

En el nombre de Jesús rechazo toda enfermedad que intente comerse mis carnes (Sal. 27:2).

Ningún mal o plaga tocará mi morada (Sal. 91:10).

Jesús tomó mis enfermedades y dolencias (Mt. 8:17).

Estoy libre de toda enfermedad (Lc. 13:12).

Estoy redimido de toda maldición, enfermedad y dolencia (Gl. 3:13).

ORACIÓN POR UN CORAZÓN NUEVO

Gracias Padre celestial por el nuevo corazón y el nuevo espíritu que has colocado en mí. Protegeré mi corazón, mi mente y mis pensamientos. No albergaré pensamientos impuros ni permitiré que es instalen en mi mente y se afiancen en mi corazón. Te ato Satanás, y no permitiré que pongas tu impureza y perversión en mi corazón. Mantengo puro mi corazón. Gracias, Jehová por liberarme de todo espíritu impuro que intente operar en mi corazón. En el nombre de Jesús, ato y rechazo toda impureza de mi mente y corazón.

REPRENDA AL ESPÍRITU QUE ATACA LA MENTE

Ponga su mano sobre su frente y diga lo siguiente:

En el nombre de Jesús, tengo el dominio sobre todo control mental y espíritu que intente atacar mi mente. En el nombre de Jesús, ato y reprendo al espíritu de la pasividad. En el nombre de Jesús, reprendo la fornicación y las impurezas de mi mente. Mi mente pertenece a Dios y la cubro con la sangre de Jesús. Reprendo todo pensamiento impuro de mi mente. En el nombre de Jesús, permito que los pensamientos puros y sagrados entren en mi mente.

Declaraciones de restauración

Es tiempo de una restauración en mi vida.

Creo que Dios es el restaurador.

Creo que Dios es el Dios de muchos, Dios de la inundación, Dios de la abundancia y Dios del derramamiento.

Creo que Jehová hará cosas maravillosas en mi vida y me dará más de lo que he tenido.

En el nombre de Jesús, creo que recibiré sobreabundancia de bendiciones, favores y prosperidad en mi vida.

Oración para la restauración

Creo en ti, Señor, para la restauración total de mi vida, porque conoces cada parte de ella, cada fisura, muro y puerta. Señor, tú conoces el estado de mis muros y de mis puertas; te pido ahora que restaures cualquier aspecto de mi vida; cierra, repara, restaura cualquier parte a la que el enemigo tenga acceso.

Señor, te pido que expulses cualquier desperdicio que haya en mi vida. Abro mi vida al Espíritu Santo, mi consolador, mi edificador y mi ayudante. Ruego que cada puerta y muro de mi vida sea totalmente restaurado. En el nombre de Jesús, que cada puerta y muro de mi mente y emociones sea sanado y restaurado.

Gracias Jehová por reparar mi vida. Ruego por la desolación de mi vida en el pasado, para que sea restaurada y sanada. Creo que el Espíritu Santo está obrando en mi vida.

Señor, te doy gracias por la Palabra. La recibiré y la escucharé, y caminaré en ella. Gracias Señor por tu presencia y tu gloria. Me regocijaré y disfrutaré de ellas. Gracias por darme vida, y vida en abundancia. Gracias por cada muro y puerta que ha sido restaurado en mi vida por medio del Espíritu Santo. Pido esto en el nombre de Jesús. Amén.

DECLARE LA ACEPTACIÓN DE DIOS A TRAVÉS DE CRISTO

Soy aceptable ante Dios a través de Jesucristo, su sangre y la fe en Él.

Tengo la justicia perfecta porque tengo su justicia.

Dios me acepta gracias a lo que Jesús hizo, y no por mis obras.

Dios es sagrado. La perfección es su norma, y no haré menos de eso. Soy perfeccionado por medio del sacrificio de Jesús. Mi estilo de vida y obras testificarán de mi fe.

La santidad y la justicia son los estándares de Dios. Me comprometo a vivir una vida en santidad y justicia. Si cometo un error, su sangre me limpiará, pero mi objetivo es vivir un estilo de vida crucificado. Mi oración, alabanza, adoración y mi vida serán aceptables delante de Dios por medio de su Hijo Jesucristo.

ORACIÓN PARA LA ACEPTACIÓN DE DIOS

Señor, te amo. Acepta mi devoción, mi plegaria, mi vida, mi servicio hacia ti, y mi ofrenda. Presento todo ante ti. Acéptalo, oh Dios. Mi vida es mi sacrificio para ti. Acéptalo por medio de Jesucristo. Ruego porque mi vida sea de tu agrado y sea percibida por ti como un aroma dulce. Permite que mi vida te agrade, oh Dios. Quiero agradarte, Señor. No transigiré. No aceptaré en mi vida nada que sea injusto, impío o malo. En el nombre de Jesús, no bajaré mi norma por nada ni nadie. La mantendré en alto. En el nombre de Jesús mantendré estándares de santidad y justicia todos los días de mi vida.

ORACIÓN DE AGRADECIMIENTO

Gracias, Señor. Creo que hoy es el día de la restauración. Haz cosas maravillosas en mi vida. No me avergonzaré. Seré bendecido por sobre mi pasado y mi presente. Gracias, Señor, eres el Dios de la restauración y la sobreabundancia. Creo que lo mejor está por venir. Lo pido en el nombre de Jesús, amén.

NOTAS

Capítulo 1: ¿Cómo entra el rechazo?

1. Noel y Phyl Gibson, *Excuse Me, Your Rejection Is Showing* (Sovereign World Ltd., 1992).

2. Chuck D. Pierce y Robert Heidler, *A Time to Prosper* (Regal, 2013), p. 119.

3. *Merriam-Webster Online*, s.v. "trauma", consultado en línea el 8 de abril de 2016, www.merriam-webster.com.

Capítulo 2: ¿Rechazados por Dios?

1. *Merriam-Webster Online*, s.v. "reprobate", consultado en línea el 4 de mayo de 2016, www.merriam-webster.com.

Capítulo 3: Manifestaciones demoníacas del rechazo

1. Win Worley, *Rooting Out Rejection and Hidden Bitterness* (WRW Publications LTD, 1991), p. 2, como se vio en Hegewisch Baptist Church, "Reversing the Rejection Syndrome", visitada el 8 de abril de 2016, http://hbcdelivers.org/reversing-the-rejection-syndrome/. Usada con permiso de WRW Publications.

2. *American Heritage Dictionary of the English Language*, quinta edición, s.v. "megalomania", citada en FreeDictionary.com, consultado el 11 de abril de 2016, www.thefreedictionary.com.

3. John Eckhardt, *God's Covenant With You for Deliverance and Freedom* (Charisma House, 2014), p. 36.

4. Richard Ing, *Spiritual Warfare* (Whitaker House, 1996), p. 38.

5. Frank e Ida Mae Hammond, *Pigs in the Parlor* (Impact Christian Books, 1973, 2010), p. 141.

6. Ing, *Spiritual Warfare*, pp. 49–50.

Capítulo 4: Miedo y paranoia

1. John Eckhardt, *Deliverance and Spiritual Warfare Manual* (Charisma House, 2014), p. 223.

2. *Fausset's Bible Dictionary*, base de datos electrónica, derechos reservados © 1998 Biblesoft, s.v. "Emim".

3. Blue Letter Bible, s.v. "Hittite," consultado en línea el 11 de abril de 2016, www.blueletterbible.org.

4. Phobia Source, "What Are Phobias?", consultado en línea el 11 de abril de 2016, www.phobiasource.com.

5. *Ibíd.*

6. Esta lista fue tomada de Phobia Source, *"Phobia List"* consultado en línea el 11 de abril de 2016, www.phobiasource.com.

CAPÍTULO 5: EL REINO DE LA PERVERSIÓN

1. Blue Letter Bible, s.v. *"porneia"*, consultado en línea el 13 de abril de 2016, www.blueletterbible.org.

2. *Merriam-Webster Online*, s.v. "wicked", consultado en línea el 14 de abril de 2016, www.merriam-webster.com.

3. *Merriam-Webster Online*, s.v. "covetous", consultado en línea el 14 de abril de 2016, www.merriam-webster.com.

4. *Merriam-Webster Online*, s.v. "malice", consultado en línea el 14 de abril de 2016, www.merriam-webster.com.

5. *Merriam-Webster Online*, s.v. "envy", consultado en línea el 14 de abril de 2016, www.merriam-webster.com.

6. *Merriam-Webster Online*, s.v. "insolent", consultado en línea el 14 de abril de 2016, www.merriam-webster.com.

7. *Ibíd.*

8. BibleHub.com, s.v. *"astorgos"*, consultado en línea el 14 de abril de 2016, http://biblehub.com/greek/794.htm.

CAPÍTULO 6: ORGULLO: EL BLOQUEADOR ESPIRITUAL

1. Gibson, *Excuse Me, Your Rejection Is Showing,* p. 38.

2. Steve Bell, "Spirit of Leviathan", consultado en línea a el 14 de abril de 2016, http://prideisamonster-leviathan.com/7155.html.

3. Ron Phillips, *Everyone's Guide to Demons and Spiritual Warfare* (Charisma House, 2010), p. 148.

4. Colin Urquhart, "Defeating the Leviathan Spirit", Colin Urquhart.com, visitada el 14 de abril de 2016, http://www.colin urquhart.com/Article/19/Defeating-the-Leviathan-Spirit.aspx.

5. Phillips, *Everyone's Guide to Demons and Spiritual Warfare,* pp. 148–149.

Capítulo 7: El espíritu de enfermedad

1. Chris N. Simpson, "Freedom From the Deep Hurts of Rejection", NewWineMedia.com, consultado en línea el 14 de abril de 2016, www.newwinemedia.com.

2. Adaptadas también de Life Application Ministries, "Are Some Diseases a Spiritual Condition?", consultado en línea el 5 de mayo de 2016, www.lifeapplicationministries.org.

3. *Ibíd.*

4. *Ibíd.*

5. *Ibíd.*

6. The Body of Christ Deliverance Ministry, "The Roots of Disease: General Overview", visitada el 25 de mayo de 2015, www.thebocdm.com/the-roots-of-disease.html.

7. Wright, "Spiritually Rooted Diseases".

8. *Ibíd.*

9. BibleHub.com, s.v. *"Marah"*, H4785, consultado en línea el 5 de mayo de 2016, http://biblehub.com/hebrew/4785.htm.

10. BibleHub.com, s.v. *"Marah"*, H4784, consultado en línea el 5 de mayo de 2016, http://biblehub.com/hebrew/4784.htm.

Capítulo 8: ¡El rechazo debe irse!

1. BlueLetterBible.com, s.v. *"ekballō"*, G1544, consultado en línea el 6 de mayo de 2016, www.blueletterbible.org.

Capítulo 9: La reconstrucción de las puertas y los muros

1. Blue Letter Bible, s.v. *"Nĕchemyah"*, consultado en línea el 15 de abril de 2016, www.blueletterbible.org.

Capítulo 10: La forma correcta de enfrentar el rechazo

1. *Merriam-Webster's Online*, s.v. "reject", consultado en línea el 18 de abril de 2016, www.merriam-webster.com.

JOHN ECKHARDT

DECLARACIONES DIARIAS PARA LA GUERRA ESPIRITUAL

PRINCIPIOS BÍBLICOS PARA DERROTAR AL ENEMIGO

JOHN ECKHARDT

DESTRUYA EL ESPÍRITU DE RECHAZO

EL AYUNO

para la liberación y el avance

JOHN ECKHARDT

EL MANUAL del PROFETA

JOHN ECKHARDT

EL REY INVISIBLE Y SU REINO

LO QUE SIGNIFICA EL PODER DE DIOS
por USTED, SU TEMPLO, y SU COMUNIDAD

JOHN ECKHARDT

8 CLAVES PARA SER ESTABLE Y PRÓSPERO

LA PROMESA DEL SALMO 112

JOHN ECKHARDT

ESCRITURAS PARA LA ADORACIÓN, LA SANTIDAD Y LA NATURALEZA DE DIOS

JOHN ECKHARDT

ESCRITURAS PARA LA FE, LA LIBERACIÓN, Y LA SANIDAD

JOHN ECKHARDT

John Eckhardt

gente común poder extraordinario

INQUEBRANTABLE

JOHN ECKHARDT

EL PACTO DE DIOS CON USTED PARA OBTENER VIDA y FAVOR

Póngase de acuerdo con Él y libere su poder

JOHN ECKHARDT

EL PACTO DE DIOS CON USTED PARA SU FAMILIA

Póngase de acuerdo con Él y desate su poder

JOHN ECKHARDT

EL PACTO DE DIOS CON USTED PARA SU RESCATE y LIBERACIÓN

Póngase de acuerdo con Él y libere el poder de Dios

JOHN ECKHARDT

PRESENCIA DE DIOS

LA BUENA TIERRA

JOHN ECKHARDT

Kjáil

Libere EL PODER de la mujer virtuosa

JOHN ECKHARDT

JOHN ECKHARDT

R.T. KENDALL

PERDÓN TOTAL

FUEGO SANTO

LA PALABRA Y EL ESPÍRITU
Verdad, poder, y el próximo gran mover de Dios
R.T. KENDALL

LA PRESENCIA DE DIOS

MÁS de DIOS

40 días con el Espíritu Santo

¿QUÉ PASÓ CON EL EVANGELIO?

CASA CREACIÓN

Editorial Nivel Uno

Para vivir la Palabra
www.casacreacion.com

LIBROS DE
JOHN
BEVERE

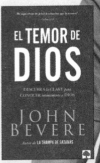

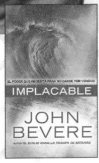

CASA CREACIÓN

N Editorial Nivel Uno

Para vivir la Palabra
www.casacreacion.com

CASA
CREACIÓN

Te invitamos a que visites nuestra página web, donde podrás apreciar la pasión por la publicación de libros y Biblias:

www.casacreacion.com

Para vivir la Palabra